英文注释本
ANNOTATED IN ENGLISH

第五版
5TH EDITION

汉语会话 *301* 句 练习册

上册

CONVERSATIONAL CHINESE 301 WORKBOOK

VOLUME I

康玉华　来思平　编著

By Kang Yuhua & Lai Siping

北京大学出版社
PEKING UNIVERSITY PRESS

前　言

　　本书是为《汉语会话301句》课本编写的练习册，分上、下两册，各二十课。上册每课后附有汉字笔顺表。每册后附练习参考答案，并有一份试卷，供学习者自测。

　　本练习册既适用于自学，也可用于教师课堂教学或作为学生的家庭作业。

　　本练习册集中选用了教学实践中多种行之有效的操练方法，并结合多样的测试形式，多角度地进行全面操练，纠正初学者易出现的错误。从词语的搭配，到不同语境中语言结构的变换以及阅读理解等方面，促使学习者逐渐横向扩展语言的运用范围，引导他们提高理解和应用汉语的能力。

　　希望通过这样的练习，能帮助初学者较快地、全面牢固地掌握基础汉语，并为进一步提高汉语水平打下坚实的基础。

编者

2021 年 4 月

目　录

01 你 好

HOW DO YOU DO

一 请把下面的三组声母补充完整 Fill in the rest initials in the following 3 groups

1. b _____ _____ _____

2. d _____ _____ _____

3. g _____ _____

二 选择正确的读音，在括号内画"√" Choose the correct pronunciations (*pinyin*) by ticking them in the brackets

1. 我们　A. wǒmen（　　）　　2. 他们　A. tǎmen（　　）
　　　　B. wòmen（　　）　　　　　　B. tāmen（　　）

3. 都　　A. dǒu　（　　）　　4. 来　　A. lán　（　　）
　　　　B. dōu　（　　）　　　　　　B. lái　（　　）

5. 妈妈　A. māma（　　）　　6. 爸爸　A. bǎba（　　）
　　　　B. mǎma（　　）　　　　　　B. bàba（　　）

三 找出三声变为二声的音节，在音节下画"____" Underline the syllables whose tones change from the 3rd to the 2nd

1. nǐ hǎo　　　2. lǎolao　　　3. gǎnmào　　　4. lǎohǔ

5. dàmǐ　　　6. wǒ lái　　　7. wǔdǎo　　　8. bǎnběn

四 找出变为半三声的音节，在音节下画"____" Undeline the syllables with the semi-3rd tone

1. nǐmen　　　2. bǎoliú　　　3. fǎlù　　　4. mǎhu

5. niúnǎi　　　6. dānbǎo　　　7. měicān　　　8. mángguǒ

五 给下面的词语注音 Transcribe the following words with *pinyin*

1. 好_____   2. 吗_____   3. 也 _____   4. 都 _____

5. 来_____   6. 她_____   7. 我们_____   8. 你们_____

六 完成对话 Complete the following dialogues

1. A：_____！

　　B：你好！

2. A：你的爸爸_____？

　　B：他来。

3. A：你的妈妈_____？

　　B：她很好。

4. A：你爸爸妈妈_____？

　　B：他们都很好。

七 根据拼音写汉字 Write down the Chinese characters according to the given *pinyin*

1. bàba _____   2. māma _____

3. dōu _____   4. lái _____

5. tāmen _____   6. yě _____

7. wǒ _____   8. ma _____

八 请写出含有偏旁 "也" 的两个汉字并注音 Write down two Chinese characters with the radical "也" and transcribe them with *pinyin*

1. _____ （　　　　）   2. _____ （　　　　　）

九 交际练习 Communicative exercise

你遇见（yùjiàn，to see, to meet）大卫，问候（wènhòu，to greet）他。
You meet and greet David.

汉字笔顺表

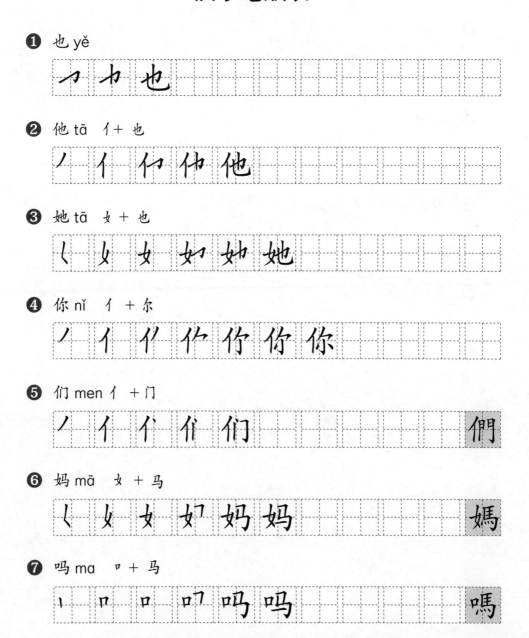

❶ 也 yě

❷ 他 tā 亻+ 也

❸ 她 tā 女 + 也

❹ 你 nǐ 亻+ 尔

❺ 们 men 亻 + 门　　　　　　　　　　　　們

❻ 妈 mā 女 + 马　　　　　　　　　　　　媽

❼ 吗 ma 口 + 马　　　　　　　　　　　　嗎

❽ 好 hǎo 女 + 子

| 乚 | 女 | 女 | 奵 | 好 | 好 | | | | | | |

❾ 很 hěn 彳 + 艮

| ノ | ㇒ | 彳 | 彴 | 彴 | 彴 | 徂 | 很 | 很 | | | |

❿ 来 lái

| 一 | 一 | ㇕ | 立 | 平 | 来 | 来 | | | | | 來 |

⓫ 我 wǒ

| ノ | 二 | 于 | 手 | 扰 | 我 | 我 | | | | | |

⓬ 都 dōu 者（耂 + 日）+ 阝

| 一 | 十 | 土 | 耂 | 耂 | 者 | 者 | 者 | 者 | 都 | 都 | |

⓭ 爸 bà 父 + 巴

| ノ | 八 | 父 | 父 | 爷 | 爷 | 爸 | 爸 | | | | |

02 你身体好吗

HOW ARE YOU

一 请把下面的三组声母补充完整 *Fill in the rest initials in the following 3 groups*

1. j _____ _____

2. z _____ _____

3. zh _____ _____ _____

二 找出加写或改写为 "y" "w" 的音节，在音节下画 "____" *Underline the syllables started with "i" "u" which are written as "y" "w" or with "y" "w" added before them*

1. yě 2. nǐmen 3. wǔ ge 4. shēntǐ 5. tiào wǔ

6. yìqǐ 7. zàijiàn 8. fěnbǐ 9. wūyā 10. yǒuyì

三 选择正确的读音 *Choose the correct pronunciations (pinyin)*

例： 来（③） ① léi ② lài ③ lái ④ lèi

( ) 1. 五 ① ú ② wú ③ wù ④ wǔ

( ) 2. 八 ① bā ② pā ③ bà ④ pá

( ) 3. 九 ① jiù ② jí ③ qiǔ ④ jiǔ

( ) 4. 早 ① zāo ② zǎo ③ zuò ④ zào

( ) 5. 身体 ① shěn tí ② shēntǐ ③ shì nǐ ④ shěntì

( ) 6. 谢谢 ① xiéxie ② xiēxie ③ xièxie ④ xièxiè

( ) 7. 再见 ① sàijiàn ② zāijiàn ③ zàijiǎn ④ zàijiàn

( ) 8. 老师 ① lǎoshī ② lǎo sǐ ③ làoshī ④ láoshí

四 给下面的词语注音 Transcribe the following words with *pinyin*

1. 四 _____ 2. 十 _____ 3. 五 _____ 4. 六 _____

5. 九 _____ 6. 您 _____ 7. 今天 _____ 8. 号 _____

五 完成对话 Complete the following dialogues

1. A、B：_____！（早）

   老师：_____！

   A：_____？（身体）

   老师：_____，_____！（很 谢谢）

   _____？（你们 好）

   A、B：_____。（都）

2. A：王兰，_____！

   B：你好！

   A：你妈妈_____？

   B：她身体_____。（很）

   A：今天她_____？

   B：她来。

   A：你爸爸_____？（也）

   B：来，他们今天_____。（都）

六 组词成句 Make sentences with the given words

例： 很 好 我 → 我很好。

1. 身体 我 好 很

   → _____

2. 今天　　爸爸　　来　　妈妈　　都

→ _____

3. 身体　　他们　　吗　　好　　都

→ _____

4. 您　　老师　　早

→ _____

七　根据拼音写汉字　Write down the Chinese characters according to the given *pinyin*

1. Lǎoshī, nín hǎo!　　　　_____

2. Xièxie nǐmen!　　　　　_____

3. Shēntǐ hěn hǎo.　　　　_____

4. Bàba māma zàijiàn!　　_____

八　请写出含有偏旁"亻"的汉字　Write down the Chinese characters with the radical "亻"

nǐ　　　　　　　nǐmen　　　　　　tā　　　　　　tǐ

1. _____好　　　2. _____　　　3. _____来　　　4. 身_____

九　交际练习　Communicative exercise

你第一次见老师，询问老师的姓名和身体情况（qíngkuàng, condition）。

You meet your teacher for the first time. You ask him about his name and health.

汉字笔顺表

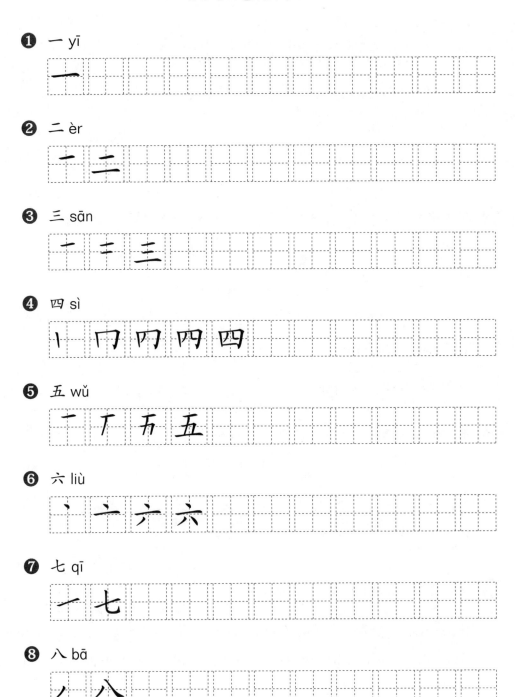

❶ 一 yī

❷ 二 èr

❸ 三 sān

❹ 四 sì

❺ 五 wǔ

❻ 六 liù

❼ 七 qī

❽ 八 bā

❾ 九 jiǔ

丿 九

❿ 十 shí

一 十

⓫ 早 zǎo　日 + 十

丿 冂 曰 旦 旦 早

⓬ 您 nín　你 + 心

丿 亻 亻 伫 伫 你 你 你 您 您 您

⓭ 号 hào　口 + 丂

丨 冂 口 旦 号 　　　　　　　　　 號

⓮ 今 jīn

丿 人 今 今

⓯ 天 tiān

一 二 于 天

⓰ 身 shēn

丶 亻 勹 自 自 身 身

⓱ 体 tǐ　亻 + 本

丿 亻 仁 什 休 休 体 　　　　 體

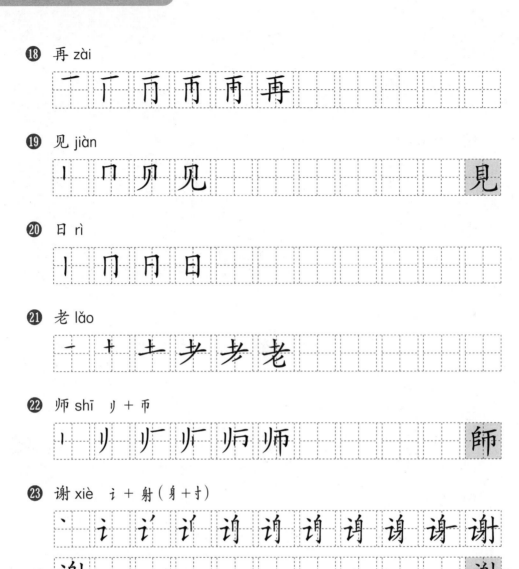

⑱ 再 zài

一 丆 丙 丙 丙 再

⑲ 见 jiàn

丨 冂 见 见 　 　 见

⑳ 日 rì

丨 冂 冃 日

㉑ 老 lǎo

一 十 土 耂 耂 老

㉒ 师 shī 丿 + 帀

一 丿 刂 师 师 师 　 师

㉓ 谢 xiè 讠 + 射(身+寸)

丶 讠 讠 讠 讠 谢 谢 谢 谢 谢

谢 　 　 　 　 谢

03 你工作忙吗

ARE YOU BUSY WITH YOUR WORK

一 请把下面的六组声母补充完整 Fill in the rest initials in the following 6 groups

1. b _____ 2. d _____

3. g _____ 4. j _____

5. z _____ 6. zh _____

二 找出有"ü"的音节，在音节下画"____" Underline the syllables with the sound "ü"

1. yuànzi   2. nǔlì   3. xiǎoyǔ   4. jùzi

5. chūfā   6. xuéxí   7. yīnyuè   8. túshū

9. qǔzi   10. juédìng   11. lùdēng   12. dìqū

三 请在"不"和"一"的上边标上声调 Mark out the tones of "不" and "一" in the following words

不	1. 不好	2. 不来	3. 不累
	4. 不太忙	5. 不是（shì）	6. 不高（gāo）
	7. 不谢	8. 不太累	

一	1. 一起（qǐ）	2. 一天（tiān）	3. 一块（kuài）
	4. 一毛（máo）	5. 一早（zǎo）	6. 一般（bān）
	7. 一年（nián）	8. 一会儿（huìr）	

四 给下面的词语注音 Transcribe the following words with *pinyin*

1. 哥哥_____ 弟弟_____ 姐姐_____ 妹妹_____

2. 年 _____ 月 _____ 日 _____ 号 _____

3. 今天_____ 明天_____ 今年_____ 明年_____

五 完成对话 Complete the following dialogues

1. A：我_____，_____？（呢）

   B：我身体也很好，谢谢！

2. A：今天 10 月 31 号吗？

   B：不，_____。（11.1）

3. A：明年你哥哥来，你_____？（呢）

   B：我妹妹工作很忙，她不来。

4. A：明天你爸爸妈妈来吗？

   B：我爸爸_____，我妈妈_____。（不）

5. A：我工作很忙，也很累，_____？

   B：我_____。（不 太）

六 给括号内的词找到适当的位置 Find the appropriate place in the sentence for each word given in the bracket

1. A 他们 B 身体 C 很好 D 。   （都）

2. 哥哥 A 不工作，B 姐姐 C 不 D 工作。   （也）

3. A 他们 B 工作 C 很忙，D 很累。   （也）

4. A 爸爸 B 妈妈 C 身体 D 好吗？   （你）

七 根据拼音写汉字　Write down the Chinese characters according to the given *pinyin*

1. Wǒ gēge dìdi míngnián dōu lái.

＿＿＿＿＿＿＿＿＿＿＿＿＿＿＿＿＿＿＿＿＿＿＿

2. Tā bàbamāma shēntǐ bú tài hǎo.

＿＿＿＿＿＿＿＿＿＿＿＿＿＿＿＿＿＿＿＿＿＿＿

八 写出含有偏旁"女"的汉字　Write down the Chinese characters with the radical "女"

　　　　hǎo　　　　tā　　　　māma　　　　jiějie　　　　mèimei

1. 你＿＿＿＿　2. ＿＿＿＿来　3. ＿＿＿＿＿　4. ＿＿＿＿＿　5. ＿＿＿＿＿

九 交际练习　Communicative exercise

你问候朋友最近的工作情况。

You ask your friend about his/her work recently.

汉字笔顺表

❶ 工 gōng

一	丁	工									

❷ 作 zuò 亻 + 乍

丿	亻	亻	作	作	作	作					

❸ 不 bù

一 丆 不 不

❹ 太 tài

一 大 大 太

❺ 呢 ne 口 + 尼

丨 口 口 叮 叨 呢 呢 呢

❻ 忙 máng 忄 + 亡

丶 忄 忄 忙 忙 忙

❼ 月 yuè

丿 刀 月 月

❽ 明 míng 日 + 月

丨 冂 月 日 旫 明 明 明

❾ 年 nián

丿 仁 仨 午 年 年

❿ 累 lèi 田 + 系

丶 口 口 田 甲 甲 累 累 累 累

⓫ 哥 gē 可 + 可

一 丆 可 可 可 哥 哥 哥 哥

⑫ 弟 dì

`丶` `丷` `兰` `肖` `肖` `弟` `弟`

⑬ 姐 jiě 女 + 且

`く` `女` `女` `如` `如` `姐` `姐` `姐`

⑭ 妹 mè 女 + 未

`く` `女` `女` `女` `女` `妹` `妹` `妹`

⑮ 零 líng 雨 + 令

`一` `厂` `厅` `帀` `帀` `雨` `雨` `雨` `零` `零` `零`

`零` `零`

04 您贵姓

MAY I KNOW YOUR NAME

一 给下面的词语注音　Transcribe the following words with *pinyin*

1. 姓＿＿＿＿＿　　2. 叫＿＿＿＿＿　　3. 是　＿＿＿＿＿

4. 不＿＿＿＿＿　　5. 太＿＿＿＿＿　　6. 高兴＿＿＿＿＿

7. 很＿＿＿＿＿　　8. 都＿＿＿＿＿　　9. 也　＿＿＿＿＿

二 用上面的词语填空　Fill in the blanks with the words given above

他＿＿＿＿＿大卫。他＿＿＿＿＿是老师，＿＿＿＿＿不是大夫，他＿＿＿＿＿学生。他＿＿＿＿＿美国人。他＿＿＿＿＿太忙，也＿＿＿＿＿太累。她＿＿＿＿＿张，她＿＿＿＿＿老师。她＿＿＿＿＿忙，＿＿＿＿＿很累。他们＿＿＿＿＿是我朋友。我认识他们很＿＿＿＿＿。

三 组词成句（有的词可以用两次）　Make sentences with the given words (some words can be used twice)

1. 是　　他　　弟弟　　大夫

＿＿＿＿＿＿＿＿＿＿＿＿＿＿＿＿＿＿＿＿＿＿＿＿＿＿＿

2. 叫　　他　　名字　　什么

＿＿＿＿＿＿＿＿＿＿＿＿＿＿＿＿＿＿＿＿＿＿＿＿＿＿＿

3. 身体　　妹妹　　我　　好　　很

＿＿＿＿＿＿＿＿＿＿＿＿＿＿＿＿＿＿＿＿＿＿＿＿＿＿＿

4. 不　　老师　　学生　　我　　是

_____

④ **完成对话** Complete the following dialogues

1. A：_____？（姐姐）

　 B：她叫兰兰（Lánlan）。

　 A：她_____？（学生）

　 B：她是学生。

2. A：_____？

　 B：他姓王。

　 A：_____？

　 B：他不是老师，是大夫。

3. A：你_____？（弟弟）

　 B：我认识你弟弟。_____？

　 A：他今天不来，明天来。

4. A：_____？

　 B：我不认识那个人。

　 　_____？（呢）

　 A：我也不认识。

⑤ **把下面的句子改成疑问句** Change the following statements into interrogative sentences

1. 她叫王兰。→ _____

2. 我姓张。→ _____

3. 我不是美国人。→ _____

4. 他是美国留学生。→ _____

5. 我不认识那个学生。→ _____

6. 他很忙。→ _____

7. 她不是我朋友，是我妹妹。→ _____

8. 我不太累。→ _____

（六）改错句　Correct the mistakes in the following sentences

1. 他是累。→ _____

2. 她姓张老师。→ _____

3. 我是美国人留学生。→ _____

4. 他贵姓？→ _____

5. 都三个人是学生。→ _____

（七）根据拼音写汉字　Write down the Chinese characters according to the given *pinyin*

我_____（rènshi）大卫，他是_____（xuésheng）。认识他

我_____（hěn）_____（gāoxìng）。他爸爸妈妈_____（shēntǐ）都

很好，_____（gōngzuò）_____（yě）很忙。

（八）请写出含有偏旁"口"的汉字　Write down the Chinese characters with the radical "口"

　　　　　ma　　　　　　　ne　　　　　　　jiào　　　　　　　　míng

1. 好_____　　2. 你_____　　3. _____什么　　4. _____字

九 交际练习 Communicative exercise

你询问同学的姓名、身体、学习情况。

You ask your classmate about his/her name, health and study.

汉字笔顺表

❶ 人 rén

❷ 大 dài

❸ 夫 fū

❹ 什 shén 亻 + 十

❺ 么 me 麼

❻ 个 gè 個

❼ 朋 péng 月 + 月

⑧ 友 yǒu　ナ + 又

⑨ 叫 jiào　口 + 丩

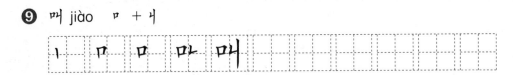

⑩ 认 rèn　讠 + 人

認

⑪ 识 shí　讠 + 只

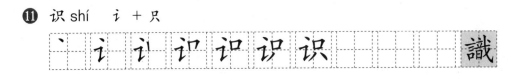

識

⑫ 高 gāo　亠 + 口 + 冋

⑬ 兴 xìng　丷 + 一 + 八

興

⑭ 学 xué　丷 + 子

學

⑮ 生 shēng

⑯ 姓 xìng　女 + 生

⑰ 名 míng ᵂᵗ 夕 + 口

丿 夕 夕 夕 名 名

⑱ 字 zì ᵂᵗ 宀 + 子

丶 宀 宀 宁 字 字

⑲ 这 zhè ᵂᵗ 辶 + 文

丶 亠 方 文 文 这 这　　　這

⑳ 那 nà ᵂᵗ 刃 + 阝

𠃌 𠃌 ヨ 刃 那 那

㉑ 是 shì ᵂᵗ 日 + 疋

丶 口 日 旦 旦 早 早 是 是

㉒ 贵 guì ᵂᵗ 丷 + 一 + 贝

丶 丷 口 中 虫 虫 贵 贵　　　貴

㉓ 留 liú ᵂᵗ 卯 + 田

丿 𠂤 𠂤 卯 卯 留 留 留 留

05 我介绍一下儿

LET ME INTRODUCE

一 给下面的词语注音　Transcribe the following words with *pinyin*

1. 也 _____　　2. 是 _____　　3. 回 _____

4. 的 _____　　5. 在 _____　　6. 看 _____

7. 认识_____　　8. 介绍_____　　9. 一下儿_____

二 用上面的词语填空　Fill in the blanks with the words given above

你们都不_____她，我_____ _____。❶ 她姓林（Lín）。❷ 她_____我姐姐_____好朋友，_____ _____我_____朋友。她_____北京人。❸ 她爸爸妈妈_____家_____北京。❹ 她_____上海（Shànghǎi）工作。她_____大学老师，工作很忙，_____很累。今天是十月一日，都休息，❺ 她_____北京_____她爸爸妈妈，_____来_____我们。

三 用"什么、哪儿、谁"把上面带序号的句子改成疑问句　Change the statements above into interrogative sentences with "什么, 哪儿" or "谁"

1. _____

2. _____

3. _____

4. _____

5. _____

四 完成对话 Complete the following dialogues

1. A: _____?

   B: 我不去超市，我回宿舍。_____?（哪儿）

   A: 我去朋友家。

2. A: _____?

   B: 他不在大卫的宿舍。

   A: _____?

   B: 他在教室。

3. A、B: 我们去商店，_____?（吗）

   C: 不去，我很累，想回家休息。

4. A: _____?（王兰）

   B: 在。玛丽，请进！

   A: _____!

   B: 不谢。

5. A: _____?（爸爸）

   B: 他工作。

   A: _____?（也）

   B: 不，她身体不太好，在家休息。

五 改错句 Correct the mistakes in the following sentences

1. 我去家。→ _____

2. 谁是他？→ _____

3. 他不是北京的人。→ _____

4. 我不认识那个留学生美国的。→ _____

六 根据拼音写汉字 Write down the Chinese characters according to the given *pinyin*

1. zài sùshè _____

2. lái jiàoshì _____

3. qù shāngdiàn _____

4. qǐng jìn _____

5. zài jiā xiūxi _____

七 请写出含有偏旁 "讠" 的汉字 Write down the Chinese characters with the radical "讠"

xièxie　　　　　rènshi　　　　　shéi　　　　　qǐng

1. _____　　2. _____　　3. 是_____　　4. _____问

八 交际练习 Communicative exercise

请与同学们互相（hùxiāng，each other）介绍自己。

Please introduce yourself to your classmates.

汉字笔顺表

❶ 下 xià

一	丁	下										

❷ 儿 ér

丿	儿											兒

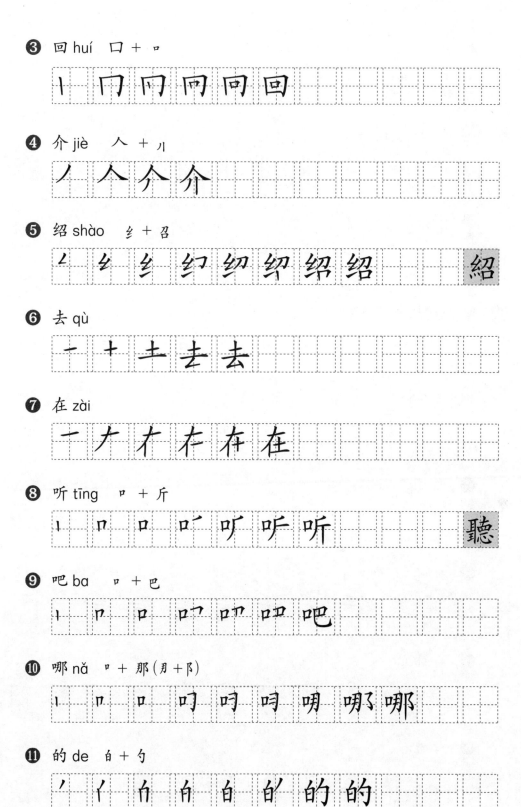

❸ 回 huí 囗 + 口

| 丨 | 冂 | 冂 | 冋 | 囙 | 回 | | | | | |

❹ 介 jiè 人 + 刂

| 丿 | 人 | 介 | 介 | | | | | | | |

❺ 绍 shào 纟 + 召

| 乙 | 纟 | 纟 | 纠 | 绍 | 织 | 绍 | 绍 | | | 绍 |

❻ 去 qù

| 一 | 十 | 土 | 去 | 去 | | | | | | |

❼ 在 zài

| 一 | 广 | 广 | 在 | 在 | 在 | | | | | |

❽ 听 tīng 口 + 斤

| 丨 | 冂 | 口 | 叮 | 听 | 听 | 听 | | | | 聽 |

❾ 吧 ba 口 + 巴

| 口 | 口 | 口 | 叮 | 叩 | 吧 | 吧 | | | | |

❿ 哪 nǎ 口 + 那(月 + 阝)

| 丨 | 冂 | 口 | 叮 | 叼 | 叼 | 哪 | 哪 | 哪 | | |

⓫ 的 de 白 + 勺

| 丿 | 亻 | 白 | 白 | 白 | 白 | 的 | 的 | | | |

⑫ 家 jiā 宀 + 豕

、 丶 宀 宇 字 宇 宇 家 家 家

⑬ 进 jìn 辶 + 井

一 二 丰 井 进 讲 进　　　　　　進

⑭ 休 xiū 亻 + 木

丿 亻 仁 什 休 休

⑮ 息 xī 自 + 心

丶 亻 白 白 白 自 自 息 息 息

⑯ 请 qǐng 讠 + 青

丶 讠 讠 讠 讠 请 请 请 请 请　請

⑰ 谁 shéi 讠 + 隹

丶 讠 讠 讠 讠 讠 讠 讠 谁 谁　誰

⑱ 看 kàn 龵 + 目

一 三 三 手 手 看 看 看 看

⑲ 商 shāng

丶 一 广 亠 产 商 商 商 商 商 商

⑳ 店 diàn 广 + 占

丶 亠 广 广 庄 庄 店 店

㉑ 宿 sù 宀＋佰（亻＋百）

丶 丶 宀 宀 疒 疒 疒 疒 宿 宿 宿

㉒ 舍 shè 人＋舌

丿 人 今 全 全 舍 舍 舍

㉓ 教 jiào 孝＋攵

一 十 土 耂 耂 考 孝 孝 教 教

㉔ 室 shì 宀＋至

丶 丶 宀 宀 宇 宇 宰 宰 室

㉕ 酒 jiǔ 氵＋酉

丶 丶 氵 汗 汗 洏 洒 洒 酒

㉖ 超 chāo 走＋召

一 十 土 丰 丰 赴 走 起 起 起 超

超

㉗ 市 shì

丶 亠 六 市 市

06 你的生日是几月几号

WHEN IS YOUR BIRTHDAY

一 给下面的词语注音，并根据1完成2、3题 Transcribe the following words with *pinyin* and complete the phrases in 2 and 3 according to 1

1. 今天（2021 年）9 月 25 日（号）星期日。

   _____

2. 明天

   _____

3. 昨天

   _____

二 填空（把数字、日期写成汉字） Fill in the blanks (change the number and date into Chinese characters)

❶今天_____（9.30）。❷今天_____我朋友_____生日。❸我朋友_____大卫，他_____美国留学生。他今年_____（20）岁。❹我们三_____人都_____大卫_____好朋友。❺今天下午我们_____去商店买东西。❻晚上_____去大卫_____宿舍_____他。

三 用"几、哪儿、谁、什么"把上面带序号的句子改成疑问句 Change the numbered statements above into interrogative sentences with "几，哪儿，谁" or "什么"

1. _____

2. _____

3. _____

4. _____

5. _____

6. _____

四 **完成对话** Complete the following dialogues

1. A：_____？（明天晚上）

 B：我看书，_____？（呢）

 A：在家听音乐。

2. A：今天晚上我去酒吧，_____？（什么）

 B：看电视。

3. A：明天下午我们去买东西，_____？

 B：我不去，我朋友来看我。

4. A：这个星期你去王兰家吗?

 B：我不去，_____。（忙）

五 **改错句** Correct the mistakes in the following sentences

1. 2020 年 25 号 3 月我在北京工作。

 → _____

2. 明天十一点上午他们超市买东西。

 → _____

3. 他这个星期六十二号来我家玩儿。

    → _____

4. 我在宿舍昨天下午休息。

    → _____

5. 他看书在家昨天晚上。

    → _____

六 **根据拼音写汉字** Write down the Chinese characters according to the given *pinyin*

1. qù chāoshì mǎi dōngxi _____

2. zài sùshè tīng yīnyuè _____

3. xīngqītiān xiūxi _____

4. wǎnshang kàn diànshì _____

七 **写出动词** Fill in the correct verbs

1. ____书   2. ____音乐   3. ____东西   4. ____家

5. ____微信   6. ____朋友   7. ____电影   8. ____商店

9. ____宿舍   10. ____什么   11. ____书店   12. ____酒吧

八 **请写出带有偏旁"日"的汉字** Write down the Chinese characters with the radical "日"

    míng   zuó   wǎn   xīng

1. _____天   2. _____天   3. _____上   4. _____期

    shì   yīn

5. _____他   6. _____乐

九 交际练习 Communicative exercise

说说今天、明天你的计划（jìhuà，plan）。
Please talk about your plan for today and tomorrow.

你想想

"大"有两个读音，你能写出两个含有不同读音的"大"字的词吗？

汉字笔顺表

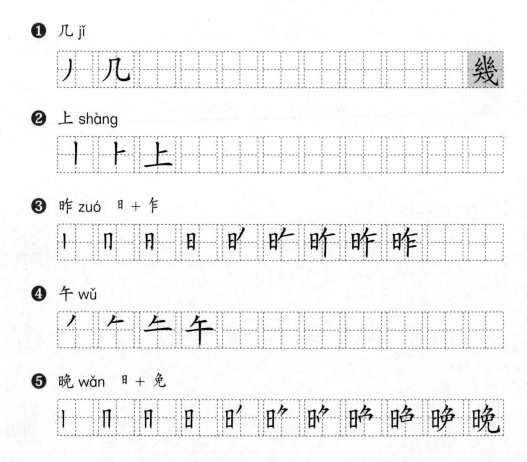

❶ 几 jǐ

丿 几 幾

❷ 上 shàng

丨 卜 上

❸ 昨 zuó 日 + 乍

丨 丨 月 日 日' 昨 昨 昨 昨

❹ 午 wǔ

丿 丿 仁 午

❺ 晚 wǎn 日 + 免

丨 丨 月 日 日' 日" 昭 晚 晚 晚 晚

❻ 做 zuò 亻+ 故（古＋攵）

丿 亻 亻 仁 仕 估 估 估 做 做

❼ 电 diàn

丨 冂 冂 日 电 　　　　　　　　　　電

❽ 视 shì 礻+ 见

丶 礻 礻 礻 礼 礼 初 视 视 　　　視

❾ 书 shū

乛 乛 书 书 　　　　　　　　　　書

❿ 信 xìn 亻+ 言

丿 亻 亻 仁 仁 信 信 信 信

⓫ 音 yīn 立 ＋ 日

丶 一 亠 立 立 产 音 音 音

⓬ 乐 yuè

一 厂 乐 乐 乐 　　　　　　　　　樂

⓭ 买 mǎi 乛 + 头

乛 乛 买 买 买 买 　　　　　　　買

⓮ 东 dōng

一 左 车 东 东 　　　　　　　　　東

⑮ 西 xī

⑯ 星 xīng ⽇ + 生

⑰ 期 qī 其 + 月

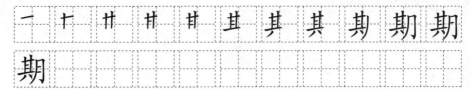

⑱ 岁 suì ⼭ + 夕

⑲ 影 yǐng 景 (⽇ + 京) + 彡

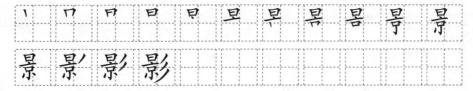

⑳ 微 wēi 彳 + 峇 + 攵

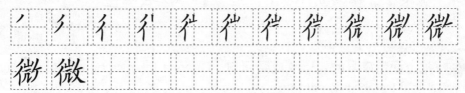

㉑ 店 diàn ⼴ + 占

07 你家有几口人

HOW MANY PEOPLE ARE THERE IN YOUR FAMILY

一 给下面的词语注音 Transcribe the following words with *pinyin*

1. 结婚＿＿＿＿＿ 2. 职员＿＿＿＿＿ 3. 银行＿＿＿＿＿

4. 孩子＿＿＿＿＿ 5. 学习＿＿＿＿＿ 6. 有＿＿＿＿＿

7. 没＿＿＿＿＿ 8. 和＿＿＿＿＿ 9. 课＿＿＿＿＿

二 用上面的词语填空 Fill in the blanks with the words given above

❶尼娜（Nínà, Nina）家＿＿＿＿＿五口人，爸爸、妈妈、哥哥、姐姐＿＿＿＿＿她。❷她哥哥是＿＿＿＿＿，在＿＿＿＿＿工作。❸他＿＿＿＿了，❹有一个＿＿＿＿＿。❺她姐姐＿＿＿＿＿结婚，是大学生，在大学＿＿＿＿＿英语。❻尼娜也是大学生，她不学习英语，她＿＿＿＿＿汉语。她很忙。❼今天＿＿＿＿＿课。❽她去大学上＿＿＿＿＿。

三 把上面带序号的句子改成疑问句 Change the numbered statements above into interrogative sentences

1. ＿＿＿＿＿＿＿＿＿＿＿＿＿＿＿＿＿＿＿＿＿＿＿＿＿＿＿

2. ＿＿＿＿＿＿＿＿＿＿＿＿＿＿＿＿＿＿＿＿＿＿＿＿＿＿＿

3. ＿＿＿＿＿＿＿＿＿＿＿＿＿＿＿＿＿＿＿＿＿＿＿＿＿＿＿

4. _____

5. _____

6. _____

7. _____

8. _____

四 组词成句 Make sentences with the given words

1. 在　　我　　宿舍　　音乐　　听

　　_____

2. 休息　　我　　家　　在

　　_____

3. 教室　　上　　汉语　　他们　　课　　在

　　_____

4. 商店　　东西　　他　　买　　在

　　_____

五 完成对话 Complete the following dialogues

1. A：下课了，你做什么？

　　B：我_____。（回　休息）

2. A：_____？

　　B：我是老师，_____。（在）

3. A：＿＿＿＿＿＿＿＿＿＿＿？

　　B：他们没结婚。

4. A：＿＿＿＿＿＿＿＿＿＿＿？

　　B：我妹妹不工作，她是学生。

5. A：＿＿＿＿＿＿＿＿＿＿＿？

　　B：我、爸爸、妈妈、一个姐姐和两个弟弟。

六 用 "不" 或 "没" 填空　Fill in the blanks with "不" or "没"

1. 她妈妈身体很＿＿＿＿好。

2. 他＿＿＿＿哥哥，也＿＿＿＿姐姐。

3. 他是学生，他＿＿＿＿工作。

4. 他＿＿＿＿在教室，在宿舍。

5. 他＿＿＿＿姓张，他姓王。

6. 我＿＿＿＿英语书。

7. 明天我＿＿＿＿去他家。

8. 昨天我＿＿＿＿买东西。

七 根据拼音写汉字　Write down the Chinese characters according to the given *pinyin*

1. Tāmen jīnnián èryuè jié hūn le.

　　＿＿＿＿＿＿＿＿＿＿＿＿＿＿＿

2. Tā yǒu liǎng ge háizi.

　　＿＿＿＿＿＿＿＿＿＿＿＿＿＿＿

3. Wǒ míngtiān qù chāoshì mǎi dōngxi.

_____

八 请写出含有偏旁"月"或"宀"的汉字　Write down the Chinese characters with the radical "月" or "宀"

| míng | péng | nǎo | jiā |
| 1. _____天 | 2. _____友 | 3. 电_____ | 4. 我_____ |

| zì | shì | sù |
| 5. 汉_____ | 6. 教_____ | 7. _____舍 |

九 交际练习　Communicative exercise

请你介绍自己的家庭情况。
Please introduce your family.

你想想

"两个月"是一个什么字？

汉字笔顺表

❶ 口 kǒu

丨 丨 口 口

❷ 了 le

了 了

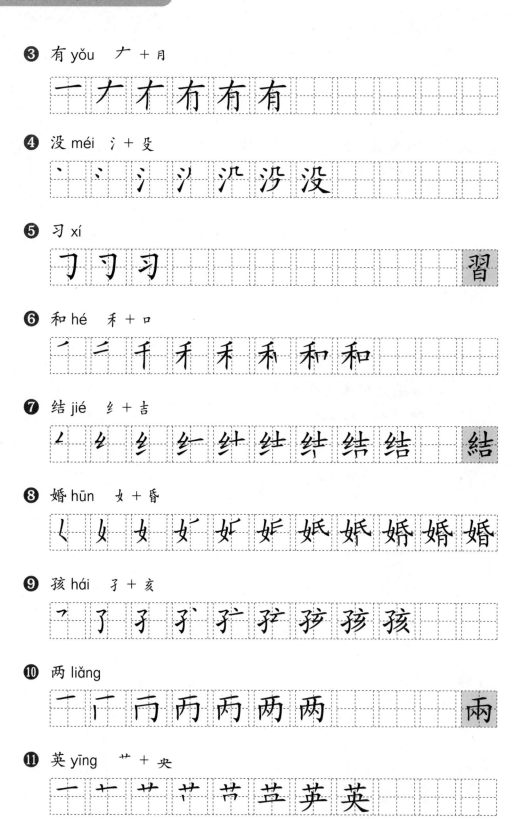

❸ 有 yǒu 𠂇 + 月

一 ナ 𠂇 有 有 有

❹ 没 méi 氵 + 殳

丶 冫 氵 沪 沪 没 没

❺ 习 xí

𠃌 习 习 | 習

❻ 和 hé 禾 + 口

丿 二 千 禾 禾 和 和

❼ 结 jié 纟 + 吉

乚 纟 纟 纟 纟 纟 纟 结 结 | 結

❽ 婚 hūn 女 + 昏

乚 女 女 妒 妒 妒 娇 娇 婚 婚 婚

❾ 孩 hái 孑 + 亥

㇇ 了 孑 孑 孖 孩 孩 孩 孩

❿ 两 liǎng

一 一 厂 丙 丙 两 两 | 兩

⓫ 英 yīng 艹 + 央

一 十 艹 艹 节 节 英 英

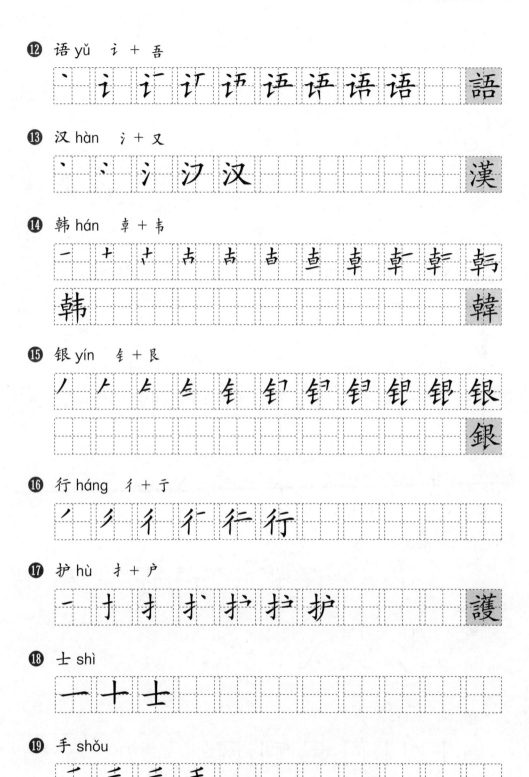

⑫ 语 yǔ 讠 + 吾

丶 讠 讠 讠 语 语 语 语 语　　語

⑬ 汉 hàn 氵 + 又

丶 丶 氵 汉 汉　　漢

⑭ 韩 hán 卓 + 韦

一 十 古 古 古 盲 直 卓 卓 卓 乾
韩　　韓

⑮ 银 yín 钅 + 艮

丿 𠂉 𠂉 钅 钅 钉 钜 钜 银 银 银
　　銀

⑯ 行 háng 彳 + 亍

丿 彳 彳 行 行 行

⑰ 护 hù 扌 + 户

一 十 扌 扩 护 护 护　　護

⑱ 士 shì

一 十 士

⑲ 手 shǒu

一 二 三 手

⑳ 机 jī　木 + 几

| 一 | 十 | 才 | 木 | 机 | 机 | 机 | | | | | | **機** |

㉑ 职 zhí　耳 + 只

| 一 | 厂 | 耵 | 耵 | 职 | 耳 | 耵 | 耶 | 耶 | 耶 | 职 |
| | | | | | | | | | | **職** |

㉒ 员 yuán　口 + 贝

| 丶 | 口 | 口 | 呂 | 呂 | 员 | 员 | | | | | | **員** |

㉓ 脑 nǎo　月 + 囟

| 丿 | 刀 | 月 | 月 | 脓 | 肪 | 肪 | 肪 | 脑 | 脑 | **腦** |

㉔ 爱 ài　爫 + 友

| 一 | 丷 | 丷 | 爫 | 爫 | 爫 | 罕 | 爱 | 爱 | 爱 | **愛** |

㉕ 课 kè　讠 + 果

| 丶 | 讠 | 讠 | 评 | 评 | 评 | 评 | 课 | 课 | 课 | **課** |

㉖ 公 gōng　八 + 厶

| 丿 | 八 | 公 | 公 | | | | | | | |

㉗ 网 wǎng

| 丨 | 冂 | 冈 | 网 | 网 | 网 | | | | | | **網** |

08 现在几点

WHAT TIME IS IT NOW

一 **根据提供的时间和词语完成句子** Complete the sentences with the given time and words

例： 20:30 看电视 → 我晚上八点半看电视。

1. 7:00 起床 → _____

2. 7:15 吃早饭 → _____

3. 12:00 吃午饭 → _____

4. 19:30 看电视 → _____

5. 23:50 睡觉 → _____

二 **完成对话** Complete the following dialogues

1. A：_____？（吃饭）

   B：十二点一刻。

2. A：_____？（去上海）

   B：明年一月去上海。

3. A：你在哪儿上网？

   B：_____。（家）

   A：_____？

   B：晚上九点半。

4. A：_____？（今天）

　　B：不，我不去打网球。

　　A：_____？（在家）

　　B：看电视。

三 给括号内的词语找到适当的位置　Find the appropriate place in the sentence for each word given in the bracket

1. 我 A 今天 B 晚上 C 睡觉 D。　　　　　　　（十一点半）

2. A 明天 B 上午 C 去花店（huādiàn，flower shop）　（九点）

　 D 买花儿。

3. A 他 B 明天上午 C 上课 D。　　　　　　　　（在教室）

4. A 今天 B 晚上 C 我看电视 D。　　　　　　　（八点一刻）

四 改错句　Correct the mistakes in the following sentences

1. 我不有电脑。　　　→ _____

2. 明天我没去商店。→ _____

3. 他们没结婚了。　→ _____

4. 他起床七点。　　→ _____

5. 我吃饭在食堂。　→ _____

五 根据拼音写汉字　Write down the Chinese characters according to the given *pinyin*

1. qù shuì jiào _____　　2. kàn diànyǐng _____

3. chī fàn _____　　4. mǎi huār _____

5. dǎ wǎngqiú _____　　6. huí sùshè _____

六 写出动词的宾语　Fill in the correct objects that go with the verbs

1. 吃＿＿＿＿＿＿
2. 打＿＿＿＿＿＿
3. 听＿＿＿＿＿＿

4. 做＿＿＿＿＿＿
5. 买＿＿＿＿＿＿
6. 看＿＿＿＿＿＿

7. 回＿＿＿＿＿＿
8. 起＿＿＿＿＿＿
9. 上＿＿＿＿＿＿

10. 下＿＿＿＿＿＿

七 请写出含有偏旁"见"或"王"的汉字　Write down the Chinese characters with the radical "见" or "王"

　　　　　jiàn　　　　　shì　　　　　xiàn　　　　　　qiú

1. 再＿＿＿＿　2. 电＿＿＿＿　3. ＿＿＿在　4. 打＿＿＿＿

　　　　　jiào　　　　　wáng

5. 睡＿＿＿＿　6. 姓＿＿＿＿

八 交际练习　Communicative exercise

和同伴互相介绍一下儿自己一天的学习和生活安排。

You and your classmate introduce the study and living arrangements of one day to each other.

你想想

一个字加一笔能变成另一个字，如："一"加一笔变成"二、十"。下面的这个字，你会变吗？

大 → ❶＿＿＿＿　❷＿＿＿＿　❸＿＿＿＿

汉字笔顺表

❶ 点 diǎn 占 + 灬

❷ 分 fēn 八 + 刀

❸ 差 chà 羊 + 工

❹ 刻 kè 亥 + 刂

❺ 半 bàn

❻ 现 xiàn 王 + 见

❼ 吃 chī 口 + 乞

❽ 饭 fàn 饣 + 反

⑨ 起 qǐ 走 + 己

一 十 土 卡 卡 走 走 起 起 起

⑩ 床 chuáng 广 + 木

、 一 广 广 庁 庄 床

⑪ 食 shí 人 + 良

丿 人 亼 今 今 仐 食 食 食

⑫ 花 huā 艹 + 化

一 艹 艹 艹 艻 花 花

⑬ 打 dǎ 扌 + 丁

一 丁 才 扌 打

⑭ 球 qiú 王 + 求

一 二 干 王 玎 玎 玎 珨 球 球

⑮ 水 shuǐ

亅 刂 水 水

⑯ 时 shí 日 + 寸

丨 冂 日 日 旷 时 时 時

⑰ 候 hou 亻 + 丨 + 矢

丿 亻 亻 仃 仔 伊 侯 侯 候

⑱ 睡 shuì　目 + 垂

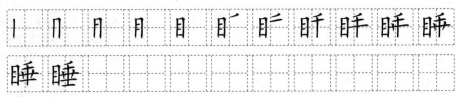

⑲ 觉 jiào　⺍ + 见

09 你住在哪儿

WHERE DO YOU LIVE

一 给下面的词语注音　Transcribe the following words with *pinyin*

1. 欢迎_____
2. 高兴_____
3. 有_____

4. 旁边_____
5. 玩儿_____
6. 在_____

7. 一起_____
8. 常　_____
9. 和_____

10. 叫　_____

二 用上面的词语填空　Fill in the blanks with the words given above

我_____一个朋友，他_____汉斯（Hànsī, Hans）。❶他住_____学校宿舍一号楼一层 105 号房间。❷我家_____学校_____。我很_____我的朋友来我家_____。❸我们_____ _____看电影、听音乐。❹星期六、星期日我_____朋友们_____在学校打球。

三 把上面带序号的句子改成疑问句　Change the numbered statements above into interrogative sentences

1. _____

2. _____

3. _____

4. _____

四 用 "几" 或 "多少" 提问　Raise questions with "几" or "多少"

1. A：_____？

　　B：我们学校有八十七个老师。

2. A：_____？

　　B：他的房间是 328 号。

3. A：_____？

　　B：他的生日是 6 月 18 号。

4. A：_____？

　　B：这个楼有六层。

5. A：_____？

　　B：二号楼有八十个房间。

6. A：_____？

　　B：我有三个中国朋友。

五 请在后面两组词语中找出适当的词语完成句子　Find the appropriate words in the following two groups and complete the sentences with them

1. 我去 教室上课_____。　　教室　吃饭

2. 我去_____。　　花店　玩儿

3. 我去_____。　　公园　上课

4. 我去_____。　　食堂　买东西

5. 我去_____。　　商店　买花儿

六 给括号内的词语找到适当的位置　Find the appropriate place in the sentence for each word given in the bracket

1. A 他 B 常 C 去食堂 D 吃饭。　　　　　（不）

2. 我 A 和 B 朋友 C 一起 D 玩儿。 （常常）

3. A 我们 B 住 C 在 D 一起。 （不）

4. A 他们都 B 在 C 银行 D 工作。 （不）

5. A 他 B 昨天 C 问 D 我们。 （没）

七 根据拼音写汉字 Write down the Chinese characters according to the given *pinyin*

1. Yóujú zài gōngyuán pángbiān.

_____

2. Huānyíng lái Běijīng.

_____

3. Shàng kè de shíhou wèn lǎoshī.

_____

八 请写出含有偏旁 "辶" 的汉字 Write down the Chinese characters with the radical "辶"

jìn	yíng	dao	biān
1. 请_____	2. 欢_____	3. 知_____	4. 旁_____

九 交际练习 Communicative exercise

和同学互相介绍自己住在哪儿（如：几号楼，几层，多少号房间）。
You and your classmate introduce your address to each other (for example: the number of the building, the floor, the number of the room).

你想想

"半个朋友没有了" 是一个什么字？

汉字笔顺表

❶ 住 zhù 亻+ 主

丿 亻 亻 仁 住 住 住

❷ 多 duō 夕 + 夕

丿 夕 夕 多 多 多

❸ 少 shǎo

丨 丬 小 少

❹ 房 fáng 户 + 方

丶 亠 宀 户 户 庐 房 房

❺ 间 jiān 门 + 日

丶 丨 门 问 问 间 间
　間

❻ 欢 huān 又 + 欠

𠃌 又 𢀖 欢 欢 欢
　歡

❼ 迎 yíng 辶 + 卬

丿 𠂆 卬 卬 迎 迎 迎

❽ 玩 wán 王 + 元

一 二 干 王 玗 玗 玩 玩

⑨ 常 cháng ⺌ + 吊

丨丨⺌⺌＂＂常常常常常

⑩ 问 wèn 门 + 口

丶门门问问问　　　　　問

⑪ 校 xiào 木 + 交

一十才木朽朽朽杧校校

⑫ 楼 lóu 木 + 娄

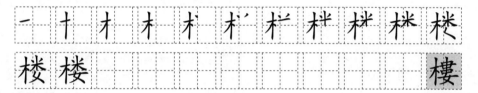
一十才木朽朽朽杵桦楼楼
楼楼　　　　　　　　樓

⑬ 路 lù ⻊ + 各

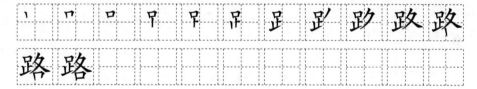
丶口口口尸足足趵趵路路
路路

⑭ 知 zhī 矢 + 口

丿二午矢矢知知知

⑮ 道 dào 辶 + 首

丶丷丷丷肖肖肖首道道
道

⑯ 旁 páng 　产 ＋ 方

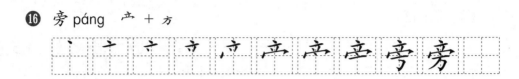

⑰ 边 biān 　辶 ＋ 力

邊

⑱ 对 duì 　又 ＋ 寸

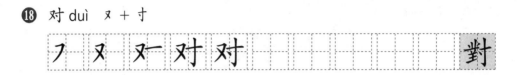

對

⑲ 公 gōng 　八 ＋ 厶

丿 八 公 公

⑳ 园 yuán 　囗 ＋ 元

園

㉑ 找 zhǎo 　扌 ＋ 戈

一 丁 扌 扌 找 找 找

㉒ 层 céng 　尸 ＋ 云

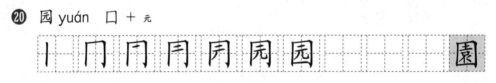

層

10 邮局在哪儿

WHERE IS THE POST OFFICE

一 给下面的词语注音　Transcribe the following words with *pinyin*

1. 东边_____　　　2. 南边_____　　　3. 西边_____

4. 北边_____　　　5. 旁边_____　　　6. 那_____

7. 那儿_____　　　8. 休息_____　　　9. 不_____

10. 常_____　　　11. 在_____　　　12. 离_____

二 用上面的词语填空　Fill in the blanks with the words given above

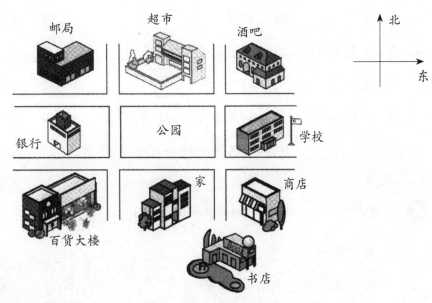

　　我家_____公园_____，_____公园很近。_____的

时候，我_____去_____玩儿。我家_____有商店、百货大

楼、书店，我_____去_____买东西。公园_____有一个学

校，我弟弟就_____ _____个学校学习。超市_____是酒吧。

我_____常去那个酒吧。

三 根据课本第89页的"扩展"（他爸爸……回家），提出四个正反疑问句
Raise four positive-negative interrogative sentences according to the examples in p.89 in the textbook

1. _____

2. _____

3. _____

4. _____

四 选词填空 Fill in the blanks with the right words

1. 他_____银行职员。　　　　　　（在　有　是　去）

2. 今天我们_____去公园看花儿。　　（常　有　在　一起）

3. 他们在_____打球。　　　　　　（去　那儿　哪儿）

4. 中国银行_____在我们学校旁边。　（就　常　有　看）

5. 你_____前走，那个大楼一层就是超市。（就　往　去　那儿）

五 完成对话 Complete the following dialogues

1. A：请问_____？

　　B：银行就在那个书店旁边。

2. A：你们学校_____？（离家）

　　B：很远。

　　A：_____？

B：我坐车去。

3. A：你＿＿＿＿＿＿＿＿＿＿＿＿？（上网）

B：常常上网。

A：＿＿＿＿＿＿＿＿＿＿＿＿？

B：在宿舍。

六 根据拼音写汉字 Write down the Chinese characters according to the given *pinyin*

1. Cāochǎng zài jiàoshì de dōngbian.

＿＿＿＿＿＿＿＿＿＿＿＿＿＿＿＿

2. Shuí zài pángbiān de fángjiān tīng yīnyuè?

＿＿＿＿＿＿＿＿＿＿＿＿＿＿＿＿

3. Tā cháng qù yóujú zuò shénme?

＿＿＿＿＿＿＿＿＿＿＿＿＿＿＿＿

七 请写出含有偏旁"心"的汉字 Write down the Chinese characters with the radical "心"

nín   xi   zěn

1.＿＿早   2.休＿＿   3.＿＿么

八 交际练习 Communicative exercise

和同学设计（shèjì, to design）一段对话（duìhuà, dialogue），询问操场、食堂、超市、书店等地方在哪儿。

Make a dialogue with your classmates, ask each other where are the playground, canteen, supermarket, the book shop and so on.

你想想

一边半个"很",一边半个"住"。这是一个什么字?

汉字笔顺表

❶ 怎 zěn   乍 + 心

丿 亅 广 乍 乍 乍 怎 怎 怎

❷ 走 zǒu   土 + 龰

一 十 土 キ キ 走 走

❸ 就 jiù   京 + 尤

丶 亠 六 亡 亡 亨 京 京 就 就

就

❹ 往 wǎng   彳 + 主

丿 彳 彳 彳 彳 往 往 往

❺ 离 lí   亠 + 内

丶 亠 六 文 这 函 离 离 离 离

❻ 远 yuǎn   辶 + 元

一 二 テ 元 远 远 远

⑦ 地 dì　土 + 也

一　十　土　圫　坤　地

⑧ 方 fāng

丶　亠　方　方

⑨ 坐 zuò　从 + 土

丿　人　从　从　坐　坐　坐

⑩ 车 chē

一　左　车　车　　　　　　　　車

⑪ 公 gōng　八 + 厶

丿　八　公　公

⑫ 南 nán

一　十　十　币　南　南　南　南　南

⑬ 北 běi　扌 + 匕

丨　十　扌　北　北

⑭ 操 cāo　扌 + 喿

一　扌　扌　扩　护　护　护　护　掃　操

操　操　操　操　操

⑮ 场 chǎng 土 + 㠪

一 十 土 圬 场 场　　　　　　　　　场

⑯ 近 jìn 辶 + 斤

一 厂 斤 斤 沂 近 近

11 我要买橘子

I WANT TO BUY SOME ORANGES

一 熟读词语 Read the following words repeatedly

要	还	别的
~多少	~喝/吃/……	~东西
~几斤/瓶/……	~去/来/……	~地方
~苹果/……	~看/听/……	~老师
~喝可乐	~要	~语言

种	多
一~	很~
这~	不~
那~	~了一块钱
很多~	~好啊

二 用上面的词语填空 Fill in the blanks with the above words

1. ＿＿＿＿＿＿橘子很好，你尝尝。

2. 上午我们打球，下午＿＿＿＿＿＿打吗？

3. 我不＿＿＿＿＿＿韩语书，我＿＿＿＿＿＿汉语书。

4. 你昨天发电子邮件了，今天＿＿＿＿＿＿发吗？

5. 明天你们去天安门，＿＿＿＿＿＿去＿＿＿＿＿＿吗？

6. 茶（chá, tea）有＿＿＿＿＿＿，我不知道你要哪种。

三 **完成对话** Complete the following dialogues

1. A：您_____？（买）

B：有可乐吗？

A：有，要_____？（几）

B：一瓶。

2. A：这种橘子_____？（斤）

B：_____。（6.30元）_____？（几）

A：两斤。

3. A：小王，_____？

B：就在学校旁边。

A：那个商店的花儿_____？（吗）

B：不太多。

A：_____？

B：很便宜。

4. A：您_____？（要）

B：香蕉（xiāngjiāo，banana）_____？

A：_____。（10.00元）

B：太_____！不要了。

四 **用动词重叠形式完成句子** Complete the sentences with verbs in reduplicated form

1. 你_____，这音乐很好听。

2. 你太累了，_____吧。

3. 你是北京人，给我们＿＿＿＿＿＿＿＿北京，好吗？

4. 我也不认识这个字，明天＿＿＿＿＿＿＿＿老师吧。

5. 这个星期天，我们去颐和园＿＿＿＿＿＿＿＿吧。

6. 你＿＿＿＿＿＿＿＿，这是我做的中国菜（cài）。

7. 你＿＿＿＿＿＿＿＿大卫，明天他去不去长城。

8. 玛丽，你来＿＿＿＿＿＿＿＿，这是什么？

五 **改错句** Correct the mistakes in the following sentences

1. 他没结婚了。

→＿＿＿＿＿＿＿＿＿＿＿＿＿＿＿＿＿＿＿＿＿＿＿

2. 我昨天没忙了，今天忙。

→＿＿＿＿＿＿＿＿＿＿＿＿＿＿＿＿＿＿＿＿＿＿＿

3. 他工作在银行，是职员。

→＿＿＿＿＿＿＿＿＿＿＿＿＿＿＿＿＿＿＿＿＿＿＿

4. 我吃早饭在家七点一刻。

→＿＿＿＿＿＿＿＿＿＿＿＿＿＿＿＿＿＿＿＿＿＿＿

5. 他睡觉十一点半常常晚上。

→＿＿＿＿＿＿＿＿＿＿＿＿＿＿＿＿＿＿＿＿＿＿＿

6. 一斤多少钱橘子？

→＿＿＿＿＿＿＿＿＿＿＿＿＿＿＿＿＿＿＿＿＿＿＿

7. 要两瓶可乐，不别的了。

→＿＿＿＿＿＿＿＿＿＿＿＿＿＿＿＿＿＿＿＿＿＿＿

8. 他买两苹果。

→＿＿＿＿＿＿＿＿＿＿＿＿＿＿＿＿＿＿＿＿＿＿＿

六 根据拼音写汉字 Write down the Chinese characters according to the given *pinyin*

1. zuò qìchē _____
2. mǎi dōngxi _____
3. chī píngguǒ _____
4. hē shuǐ _____
5. tīng lùyīn _____
6. qù yínháng _____

七 填写正确的汉字 Fill in the blanks with the proper Chinese characters

_____我家不远有一个书_____。那个书_____的_____很多。我常常一_____人去买_____。有时候也和朋_____一_____去。我在书_____认_____了一_____人，他就在书_____工作。他给我介_____了很多好_____。我认_____这_____朋_____很高_____。

八 请写出含有偏旁 "贝" 或 "夕" 的汉字 Write down the Chinese characters with the radical "贝" or "夕"

　　huòyuán　　　　　guì　　　　　míng

1. 售_____　　2. 很_____　　3. _____字

　　duō　　　　　suì

4. 不_____　　5. 十_____

九 交际练习 Communicative exercise

你和大卫一起去水果店买水果，你们问老板水果的价格及怎么支付。

David and you go to the store to buy some fruits, you talk to the boss about the price and the mode of payment.

考考你

你能写出多少个偏旁是"亻"的汉字？

nǐ	tā	nín	zuò	zhù
1.＿＿	2.＿＿	3.＿＿	4.＿＿	5.＿＿

men	tǐ	zuò	shén	xiū
6.她＿＿	7.身＿＿	8.工＿＿	9.＿＿么	10.＿＿息

hou	fù	jiàn	pián	xìn
11.时＿＿	12.＿＿钱	13.邮＿＿	14.＿＿宜	15.微＿＿

汉字笔顺表

❶ 元 yuán

一	二	テ	元								

❷ 块 kuài　土＋夬

| 一 | 十 | 土 | 圠 | 坍 | 块 | 块 | | | | | 块 |

❸ 毛 máo

| ノ | 二 | 三 | 毛 | | | | | | | | |

❹ 角 jiǎo　⺈＋用

| ノ | ⺈ | ⺈ | 角 | 角 | 角 | 角 | | | | | |

❺ 斤 jīn

| ノ | ⼇ | 斤 | 斤 | | | | | | | | |

⑥ 种 zhǒng　禾 + 中

一　二　千　禾　禾　禾　和　和　种　　種

⑦ 付 fù　亻 + 寸

丿　亻　仁　付　付

⑧ 要 yào　覀 + 女

一　一　冊　两　西　西　要　要　要

⑨ 还 hái　辶 + 不

一　丆　不　不　怀　环　还　　還

⑩ 别 bié　另 + 刂

丶　口　口　号　另　别　别

⑪ 便 pián　亻 + 更

丿　亻　仁　仃　佰　佰　佰　便　便

⑫ 宜 yí　宀 + 且

丶　丷　宀　宁　宜　宜　宜　宜

⑬ 售 shòu　隹 + 口

丿　亻　亻　作　作　住　佳　隹　售　售

⑭ 货 huò　化 + 贝

丿　亻　化　化　化　华　货　货　　貨

⑮ 员 yuán　口 + 贝

丶　口　口　吊　吊　员　员　　員

⑯ 尝 cháng ⺌ + 云
丨 丨 ⺌ ⺌ 兰 屵 屵 尝 尝 嘗

⑰ 苹 píng 艹 + 平
一 十 艹 艹 苹 苹 苹 苹 蘋

⑱ 果 guǒ
丨 口 日 旦 旦 甲 果 果

⑲ 钱 qián 钅 + 戋
丿 仁 仁 钅 钅 钅 钅 钱 钱 钱 錢

⑳ 喝 hē 口 + 曷
丨 口 口 口 吗 吗 吗 吗 喝 喝 喝
喝

㉑ 录 lù 彐 + 水
⼜ ⼕ 彐 寻 寻 录 录 録

㉒ 音 yīn 立 + 日
丶 亠 六 立 立 音 音 音

㉓ 发 fā
ㄑ 夕 发 发 发 發

㉔ 电 diàn
丨 口 日 日 电 電

㉕ 邮 yóu　由 + 阝

丨 冂 门 由 由 邮 邮　　　　　　　邮

㉖ 件 jiàn　亻 + 牛

丿 亻 仁 作 作 件

㉗ 瓶 píng　并 + 瓦

丶 丷 兰 兰 并 并 并 瓶 瓶 瓶

㉘ 橘 jú　木 + 矞

一 十 才 木 栌 栌 栌 杯 杯 杯 橘

橘 橘 橘 橘 橘

12 我想买毛衣

I WANT TO BUY A SWEATER

一 熟读词语　Read the following words repeatedly

天	想	件
一～	～妈妈	一～衣服
～冷了	～家	两～上衣
冷～	～回家	一～事（shì）
	～休息	

极了	再	少
忙～	～想想	很～
累～	～吃点儿	不～
高兴～	～来	～了一块钱
贵～		～喝点儿

二 给下面的词语注音，并给反义词连线　Transcribe the following words with *pinyin* and connect the antonyms with lines

小＿＿＿＿＿　　　　坏＿huài＿

少＿＿＿＿＿　　　　贵＿＿＿＿＿

长＿＿＿＿＿　　　　短＿＿＿＿＿

便宜＿＿＿＿＿　　　　多＿＿＿＿＿

好＿hǎo＿　　　　大＿＿＿＿＿

三　选词填空　Fill in the blanks with proper words

> 什么　怎么　怎么样　哪儿　谁　几　多少

1. 他们学校有_____学生？

2. 他的名字_____写？

3. 他们都在_____上课？

4. 他有_____个美国朋友？

5. 他爸爸妈妈的身体_____？

6. 你爸爸做_____工作？

7. _____是你们的老师？

四　写出动词　Fill in the correct verbs

1. _____衣服　　2. _____饮料　　3. _____微信

4. _____生词　　5. _____宿舍　　6. _____东西

7. _____饭　　8. _____电影　　9. _____汉语

10. _____汽车

五　完成对话　Complete the following dialogues

1. A：你要喝_____？（饮料）

　　B：要。

　　A：_____？（什么）

　　B：可口可乐。

2. A：＿＿＿＿＿＿＿＿＿＿＿＿＿？（哪儿）

B：去手机商店买手机。

A：你没有手机吗？

B：我的手机不好，＿＿＿＿＿＿＿＿＿好的。（想）

3. A：上课的时候可不可以发微信？

B：＿＿＿＿＿＿＿＿＿，你下课的时候发吧。（不）

4. A：你现在上网吗？

B：＿＿＿＿＿＿＿＿，我很累，我想休息一下儿。

（六）**仿照例句完成句子** Complete the following sentences according to the given example

例： 这个教室<u>不大也不小</u>。

1. 那件衣服＿＿＿＿＿＿＿＿＿＿＿＿＿＿。

2. 那个商店的东西＿＿＿＿＿＿＿＿＿＿＿＿。

3. 我的钱买电脑＿＿＿＿＿＿＿＿＿＿＿＿。

4. 他家离学校＿＿＿＿＿＿＿＿＿＿＿＿＿。

（七）**填写正确的汉字** Fill in the blanks with the proper Chinese characters

我来哈尔滨（Hā'ěrbīn, Harbin）四天了。这儿天太＿＿＿＿了。我的衣＿＿＿很＿＿＿，所以昨＿＿＿去买了一＿＿＿大衣，今＿＿＿就＿＿＿在身上了。

我住＿＿＿宾馆（bīnguǎn, hotel），上午、下午工＿＿＿很忙，

很_____，晚_____回宾馆就想睡_____。

八 **请写出含有偏旁"衤"或"阝"的汉字** Write down the Chinese characters with the radical "衤" or "阝"

	jī	lóu	xiào	jú

1. 手_____ 2. 大_____ 3. 学_____ 4. _____子

	yàng	jí	dōu	yóu

5. 怎么_____ 6. 好_____了 7. _____来 8. _____局

九 **交际练习** Communicative exercise

你和同学设计一段买衣服的对话。

You and your classmate design a diologue about buying clothes.

你想想

"大口吃进小口"是哪个汉字？

汉字笔顺表

❶ 小 xiǎo

亅　小　小

❷ 可 kě　丁 + 口

一　丁　冂　可　可

❸ 衣 yī

、　一　亠　ナ　衣　衣

❹ 冷 lěng　冫 + 令

、　冫　冫　冫　冷　冷　冷

❺ 样 yàng　木 + 羊

一　十　才　木　木　术　样　样　样　样　様

❻ 长 cháng

丿　一　长　长　長

❼ 短 duǎn　矢 + 豆

丿　广　广　矢　矢　矩　矩　矩　矩　矩　短
短

❽ 词 cí　讠 + 司

、　讠　讵　词　词　词　词　詞

❾ 想 xiǎng　相 + 心

一　十　才　木　机　机　机　相　相　想
想　想

❿ 极 jí　木 + 及

一　十　才　木　机　极　极　極

⑪ 穿 chuān　宀 + 牙

⑫ 服 fú　月 + 艮

⑬ 试 shì　讠 + 式

⑭ 吃 chī　口 + 乞

⑮ 外 wài　夕 + 卜

13 要换车

YOU HAVE TO CHANGE BUSES

一　熟读词语　Read the following words repeatedly

刷	换	到
～卡	～车	～北京了
～手机	～衣服	～站
～牙（yá, tooth）	～鞋	收～微信
	～几号线	～上课的时间

张	会	一点儿
一～票	～说汉语	买～东西
两～地图	～做饭	喝～可乐
一～床	不～来	要便宜～的
	～写生词	懂～汉语

二　选择正确答案　Choose the correct answers

1. 他今年 28 _____ 了。　　A. 年　　　　　　B. 岁

2. 现在_____。　　　　　　A. 二点十五分　　B. 两点一刻

3. 我买两_____电影票。　　A. 张　　　　　　B. 个

4. 他给我一_____书。　　　A. 个　　　　　　B. 本

5. 他有一_____中国地图。　A. 张　　　　　　B. 个

三 组词成句（有的词可以用两次） Make sentences with the given words (some words can be used twice)

1. 他　汉语　说　会　了　一点儿

_____

2. 现在　不　十点　半　了　来　会　他

_____

3. 姐姐　妹妹　地图　本子　张　一　个　给

_____

4. 去　换　天安门　要　吗　车

_____

四 完成对话　Complete the following dialogues

1. A：_____？（做饭）

　 B：我会做。

　 A：_____？（中国菜）

　 B：不会，我会做日本菜，星期六晚上请你来我家尝尝。

　 A：_____！

2. A：你要_____？（什么）

　 B：我要喝可口可乐。

　 A：_____？（别的）

　 B：不要了。

3. A：你朋友_____？（几）

   B：八点来。

   A：现在八点十分了，她_____？（会）

   B：会，路上车很多，可能（kěnéng, maybe, perhaps）晚一点儿。

4. A：今天晚上_____，好吗？（电影）

   B：好，中国电影吗？

   A：不是。

   B：_____？（哪）

   A：法国的。

   B：好，我们_____。（一起）

五 **改错句** Correct the mistakes in the following sentences

1. 我会说汉语一点儿。

   → _____

2. 他是日本人的留学生。

   → _____

3. 我说汉语不会。

   → _____

4. 他一本书给我。

   → _____

5. 都他们三人是很忙。

   → _____

六 根据拼音写汉字　Write down the Chinese characters according to the given *pinyin*

1. dǒng Yīngyǔ ＿＿＿＿＿＿＿　　2. nǎ guó diànyǐng ＿＿＿＿＿＿＿＿

3. shuā kǎ ＿＿＿＿＿＿＿＿　　4. méi dào zhàn ＿＿＿＿＿＿＿＿

七 用汉字填空　Fill in the blanks with the proper Chinese characters

我和大卫都＿＿＿＿＿＿＿去颐和园（Yíhé Yuán, Summer Palace）玩儿，

可是（kěshì, but）我们两＿＿＿＿＿＿＿人＿＿＿＿＿＿＿不知＿＿＿＿＿＿＿怎＿＿＿＿＿＿＿

去。＿＿＿＿＿＿＿刘京，刘京＿＿＿＿＿＿＿：“颐和园＿＿＿＿＿＿＿这儿＿＿＿＿＿＿＿

近，在学＿＿＿＿＿＿＿门口（ménkǒu, gate）坐＿＿＿＿＿＿＿西去的 690 路汽车就

可以到颐和园的东门。”明天是＿＿＿＿＿＿＿期六，我们＿＿＿＿＿＿＿课，我和

大卫明天＿＿＿＿＿＿＿完早饭以后（yǐhòu, after）就＿＿＿＿＿＿＿颐和园＿＿＿＿＿＿＿。

八 请写出含有偏旁“扌”的汉字　Write down the Chinese characters with the radical “扌”

　　dǎ　　　　　　tóu　　　　　　huàn　　　　　　zhǎo

1. ＿＿＿球　　2. ＿＿＿币　　3. ＿＿＿钱　　4. ＿＿＿人

九 交际练习　Communicative exercise

你和同学要去公园玩儿，但不知道怎么买票、怎么去，你们设计一段买票、问路的对话。

You and your classmate want to go to a park, but you don't know how to buy the tickets and how to get there, you design a dialogue about buying the tickets and the way to the park.

你看看

圈出每组汉字不一样的部分，如：宿安，然后给汉字注音。

1. 员_____ 　　货_____ 　　贵_____

2. 远_____ 　　近_____ 　　道_____

3. 问_____ 　　间_____

4. 我_____ 　　找_____

汉字笔顺表

① 换 huàn 　扌 + 奂

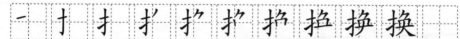

② 到 dào 　至 + 刂

③ 站 zhàn 　立 + 占

④ 说 shuō 　讠 + 兑

⑤ 路 lù 𧾷 + 各

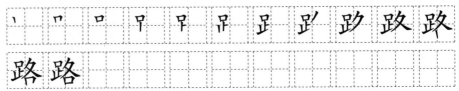

⑥ 卡 kǎ

⑦ 懂 dǒng 忄 + 董

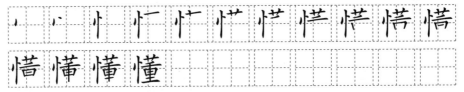

⑧ 点 diǎn 占 + 灬

⑨ 地 dì 土 + 也

⑩ 铁 tiě 钅 + 失

⑪ 线 xiàn 纟 + 戋

⑫ 刷 shuā 尸 + 巾

⑬ 投 tóu 扌 + 殳

一 十 扌 扌 护 投 投

⑭ 币 bì

一 丆 币 币 　　　　　　　　　 幣

⑮ 法 fǎ 氵 + 去

丶 丷 氵 汁 汁 法 法 法

14 我要去换钱

I AM GOING TO CHANGE MONEY

一 熟读词语　Read the following words repeatedly

里	带	时间
家～	～东西	有～
书～	～卡	没～
房间～	～你去	～不早了
电话～	～给他	～不多

花	这样	等
～时间	～做	～我
～钱	～写	我～你
	～念	在房间～

二 给下面的词语注音，然后选词填空　Transcribe the following words with *pinyin* and fill in the blanks with the proper words

> 想_____　会_____　能_____　要_____　可以_____

1. 大夫说他身体不好，不_____走很远的路。

2. 你_____汉语，请你看看，这信里说了什么。

3. 我看看你的本子，_____吗？

4. 你_____喝可乐吗？

5. A：你去那个商店，你_____买什么？

　 B：听说那个商店很大，东西很多，我_____去看看。

6. A：下课的时候_____不_____在教室里吸烟（xī yān, to smoke）？

　 B：我_____不_____。

三　完成对话　Complete the following dialogues

1. A：_____，请你在这儿等等，我回去拿（ná, to take, to fetch）。（带　手机）

　 B：_____！我等你。（快）

2. A：昨天你去商店了没有？

　 B：_____。（去）

　 A：_____？（买）

　 B：没买东西。

3. A：小明的_____，你知道吗？（手机号码）

　 B：知道，我_____。（手机　有）

4. A：你的中国名字_____？（怎么）

　 B：这样写。

四　给括号内的词语找到适当的位置　Find the appropriate place in the sentence for each word given in the bracket

1. 你 A 西走，B 到 80 号就是 C 小王的家 D。　　　　（往）

2. 我昨天 A 去商店了 B，C 买东西。　　　　　　　　（没）

3. 你 A 等等，B 他 C 很快 D 来。　　　　　　　　　（就）

4. 我昨天 A 不忙 B，今天 C 忙 D。 （了）

5. 去年（qùnián, last year）来的时候 A 想家 B， （了）

现在 C 不想 D。

五 写出动词的宾语 Fill in the correct objects that go with the verbs

1. 坐＿＿＿＿＿　　2. 听＿＿＿＿＿　　3. 写＿＿＿＿＿

4. 发＿＿＿＿＿　　5. 做＿＿＿＿＿　　6. 起＿＿＿＿＿

7. 穿＿＿＿＿＿　　8. 找＿＿＿＿＿　　9. 喝＿＿＿＿＿

10. 说＿＿＿＿＿

六 填写正确的词语 Fill in the blanks with the proper words

我的人民币都＿＿＿＿＿了，我要去＿＿＿＿换＿＿＿＿。玛丽说：

"＿＿＿＿是星期日，＿＿＿＿休息，我这儿有＿＿＿＿，你要＿＿＿＿?"

我说："五百块。"玛丽说："给＿＿＿＿。"我说："谢谢，＿＿＿＿换了人

民币我还（huán, to repay）＿＿＿＿。"

七 改错句 Correct the mistakes in the following sentences

1. 明天我没去公园。

→ ＿＿＿＿＿＿＿＿＿＿＿＿＿＿＿＿＿＿＿＿＿＿＿＿＿＿

2. 昨天他没来上课了。

→ ＿＿＿＿＿＿＿＿＿＿＿＿＿＿＿＿＿＿＿＿＿＿＿＿＿＿

3. 和子常常做日本菜了。

→ ＿＿＿＿＿＿＿＿＿＿＿＿＿＿＿＿＿＿＿＿＿＿＿＿＿＿

4. 昨天我不来了。

→ _____

八 请写出含有偏旁"夂"或"钅"的汉字 Write down the Chinese characters with the radical "夂" or "钅"

jiào　　　　　　　zuò　　　　　　　shǔ　shù

1. _____室　　　2. _____饭　　　3. _____ _____

qián　　　　　　　yín

4. 换_____　　　5. _____行

九 交际练习 Communicative exercise

你和同学设计一段关于在银行换钱的对话。

Make a dialogue with your classmate about changing money in the bank.

你看看

圈出每组汉字不一样的部分，如：宿安，然后在横线上写一个汉字，与给出的汉字组成一个词。

1. 几　儿_____　　　2. 个　介_____

3. 休_____ _____体　　　4. 太　大_____ _____天

汉字笔顺表

1 里 lǐ

2 能 néng 能 + 匕

3 数 shǔ 娄 + 攵

4 快 kuài 忄 + 夬

5 营 yíng 艹 + 冖 + 吕

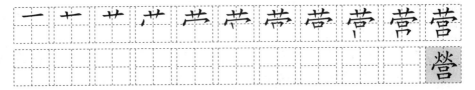

6 业 yè

7 美 měi 羊 + 大

8 百 bǎi

❾ 民 mín

フ コ ㄹ 民 民

❿ 签 qiān 竹 + 金

ノ ⺮ ⺮ ⺮ 竹 竹 竺 笂 笂 笒 签

签 签 　　　　　　　　　 **签**

⓫ 话 huà 讠 + 舌

丶 讠 讠 讠 讠 讠 话 话 　 **話**

⓬ 码 mǎ 石 + 马

一 ㄏ 了 石 石 矼 码 码 　 **碼**

⓭ 念 niàn 今 + 心

ノ 人 人 今 今 念 念 念

⓮ 等 děng 竹 + 寺

ノ ⺮ ⺮ ⺮ 竹 竹 竿 笐 笁 笁 等

等

15 我要照张相

I WANT TO TAKE A PICTURE

一　熟读词语　Read the following words repeatedly

到	挑	关
买～	～衣服	～机
找～	～两本书	～电视
学～	～几朵花儿	～电脑
回～		～上

照相	完
没～	吃～
给你～	喝～
照一张相	做～
	写～

二　给下面的词语注音，然后选词填空　Transcribe the following words with *pinyin* and fill in the blanks with the proper words

对＿＿＿	完＿＿＿	通＿＿＿	到＿＿＿	懂＿＿＿

1. 我找＿＿＿＿那本书了。

2. 你说＿＿＿＿了，她今天真的没来上课。

3. 请你再说一遍，我没听＿＿＿＿。

4. 那瓶酒他喝＿＿＿＿了。

5. 我给他打电话没打_____。

三 组词成句 Make sentences with the given words

1. 好看 这 真 种 鲜花儿

   _____

2. 我 妈妈 电话 给 打 了

   _____

3. 这 本子 个 不 好 吗 换 一下儿 能

   _____

4. 你 请 我 电话费 交 帮 一下儿

   _____

四 完成对话 Complete the following dialogues

1. A: _____? （谁 衣服）

   B: 是我妹妹的。

   A: 真好看，_____? （吗）

   B: 我不能穿，太小了。

2. A: _____? （手机 吗）

   B: 不是我的，是大卫新买的。

   A: 这个_____? （怎么样）

   B: 我不知道，大卫说很不错。

3. A: 昨天买的苹果我吃完了，你呢？

   B: 还_____，还有一个。

4. A：听说你工作＿＿＿＿＿＿＿＿＿＿＿＿＿＿。（极了）

   B：对，晚上常常工作＿＿＿＿＿＿＿＿＿＿＿＿。（到）

   A：你身体＿＿＿＿＿＿＿＿＿＿＿＿？（怎么样）

   B：＿＿＿＿＿＿＿＿＿＿＿＿＿＿。（不错）

   A：要多休息啊。

   B：＿＿＿＿＿＿＿＿＿！

五 根据拼音写汉字 Write down the Chinese characters according to the given *pinyin*

A：Wǒ lèi le, xiǎng qù nàr zuòzuo.

＿＿＿＿＿＿＿＿＿＿＿＿＿＿＿＿＿＿＿＿＿＿

B：Děng yi děng, zhèr de huār hěn hǎokàn, nǐ gěi wǒ

＿＿＿＿＿＿＿＿＿＿＿＿＿＿＿＿＿＿＿＿＿＿

zhào zhāng xiàng, hǎo ma?

＿＿＿＿＿＿＿＿＿＿＿＿＿＿＿＿＿＿＿＿＿＿

A：Hǎo, zhàowánle zài qù.

＿＿＿＿＿＿＿＿＿＿＿＿＿＿＿＿＿＿＿＿＿＿

六 填写正确的词语 Fill in the blanks with the proper words

今晚我们学校＿＿＿＿电影，中午我想＿＿＿＿玛丽打＿＿＿＿，请＿＿＿＿来我们＿＿＿＿看＿＿＿＿。可是我的＿＿＿＿怎么没有了？没有＿＿＿＿怎么打＿＿＿＿？这时候，小王叫我："小李，小李，你的＿＿＿＿我找＿＿＿＿了，在教室里。"我听了，高兴地说："太好了，谢谢你！"

七 请写出含偏旁"纟"或"亻"的汉字　Write down the Chinese characters with the radical "纟" or "亻"

shào	jié	jì	jīn
1. 介＿＿＿	2. ＿＿＿婚	3. ＿＿＿念	4. ＿＿＿天

ge	huì	niàn	ná
5. 一＿＿＿	6. ＿＿＿来	7. 纪＿＿＿	8. ＿＿＿来

八 交际练习　Communicative exercise

你喜欢照相吗？你一般什么时候照相？说说和照相有关的一件事。

Do you like taking pictures? When do you usually take pictures? Talk about one thing about taking pictures.

你想想

"一人有一口一手"是什么字？

汉字笔顺表

❶ 哎 ài 口 + 艾

丨 冂 口 叮 叮 呀 哎 哎

❷ 呀 yā 口 + 牙

丨 冂 口 叮 叮 呀 呀

❸ 照 zhào 昭 + 灬

| 丨 | 冂 | 日 | 日 | 旫 | 昭 | 昭 | 昭 | 昭 | 照 | 照 |

| 照 | 照 |

❹ 相 xiàng 木 + 目

| 一 | 十 | 才 | 木 | 朾 | 相 | 相 | 相 | 相 |

❺ 新 xīn 亲 + 斤

| 丶 | 丷 | 亠 | 立 | 立 | 辛 | 辛 | 亲 | 亲 | 新 |

| 新 | 新 |

❻ 鲜 xiān 鱼 + 羊

| 丿 | 夕 | 勹 | 仔 | 刍 | 鱼 | 鱼 | 鱼 | 鱼 | 鲜 |

| 鲜 | 鲜 | 鲜 | | | | | | | 鮮 |

❼ 帮 bāng 邦 + 巾

| 一 | 二 | 三 | 丰 | 邦 | 邦 | 邦 | 帮 | 帮 | 幫 |

❽ 挑 tiāo 扌 + 兆

| 一 | 十 | 扌 | 扒 | 扒 | 扎 | 挑 | 挑 | 挑 |

❾ 关 guān

| 丶 | 丷 | 丷 | 关 | 关 | 关 | | | | 關 |

❿ 通 tōng 辶 + 甬

| 丷 | 乛 | 孑 | 甬 | 甬 | 甬 | 甬 | 涌 | 涌 | 通 |

⑪ 错 cuò　钅 + 昔

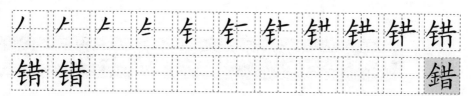

⑫ 真 zhēn　直 + 八

⑬ 风 fēng

⑭ 景 jǐng　日 + 京

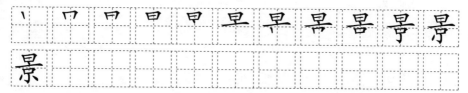

⑮ 费 fèi　弗 + 贝

⑯ 拿 ná　合 + 手

⑰ 完 wán　宀 + 元

16 你看过京剧吗

HAVE YOU EVER SEEN A BEIJING OPERA

一 熟读词语 Read the following words repeatedly

过	演	以后
吃～	～京剧	工作～
去～	～电影	休息～
没见～	～什么	来中国～
没来～		收到微信～

告诉	名
～他	～酒
没～别人	～茶
～过我	～人
不～他	～校

二 给下面的词语注音，然后选词填空 Transcribe the following words with *pinyin* and fill in the blanks with the proper words

应该＿＿＿＿	行＿＿＿＿	过＿＿＿＿	了＿＿＿＿
当然＿＿＿＿	想＿＿＿＿	会＿＿＿＿	

1. A：你想去长城吗?

   B：＿＿＿＿想。

2. A：学过的词你都会念吗?

   B：_____会吧。

3. A：这种茶你喝_____没有?

   B：没喝_____，听说不太好喝。

4. A：昨天我去看电影_____，你去看_____没有?

   B：没去看，我在上海看_____。

5. A：上课的时候睡觉，_____吗?

   B：我_____不_____。

6. A：小王去哪儿了?

   B：现在是吃饭时间，他_____在食堂吧。

   A：我找_____了，他不在。

   B：_____不_____吃完饭回宿舍了?

   A：我去看看。

三 **完成句子** Complete the following sentences

1. 听说上海很不错，我还_____。

2. 我不懂法语，我没_____。

3. 我去那个饭店吃_____，我知道那儿的饭菜很好吃，

   价钱也_____。

4. 我没_____，不知道那个地方好不好。

5. 九点了，他还_____，昨天晚上他没睡觉吗?

四　完成对话　Complete the following dialogues

1. A：小王，快来，＿＿＿＿＿＿＿＿！（有　找）

　　B：知道了，谢谢。

2. A：我们的英国朋友回国了，你知道吗？

　　B：不知道，＿＿＿＿＿＿＿＿。（没　告诉）

3. A：我写给你的电子邮件＿＿＿＿＿＿＿＿？（收到）

　　B：没有。

4. A：我们想请王老师给我们＿＿＿＿＿＿＿＿。（介绍　京剧）

　　B：好，我问问他＿＿＿＿＿＿＿＿。（有　时间）

　　A：你问了以后＿＿＿＿＿＿＿＿。（给　打电话）

五　改错句　Correct the mistakes in the following sentences

1. 你学过了汉语没有？

　　→ ＿＿＿＿＿＿＿＿＿＿＿＿＿＿＿＿

2. 我不吃过烤鸭。

　　→ ＿＿＿＿＿＿＿＿＿＿＿＿＿＿＿＿

3. 他常常去过留学生宿舍。

　　→ ＿＿＿＿＿＿＿＿＿＿＿＿＿＿＿＿

4. 你看电视过了没有？

　　→ ＿＿＿＿＿＿＿＿＿＿＿＿＿＿＿＿

5. 他还没结婚过呢！

　　→ ＿＿＿＿＿＿＿＿＿＿＿＿＿＿＿＿

六 根据拼音写汉字　Write down the Chinese characters according to the given *pinyin*

1. Gěi péngyou zhǎo gōngzuò.

   _____

2. Yǒu rén qǐng nǐ jièshào yíxiàr Shànghǎi.

   _____

3. Zhè jiàn shì néng gàosu tā ma?

   _____

七 填写正确的词语　Fill in the blanks with the proper words

我在_____前边等朋友，一个外国留学生_____："请问，美国留学生大卫住在八号楼哪个房间？"我_____："我也不_____，我不_____八号楼，你进去问问宿舍的服务员（fúwùyuán, attendant），她_____。"这个_____听了就_____："谢谢！"她就进八号楼了。

八 请写出含有偏旁"氵"或"扌"的汉字　Write down the Chinese characters with the radical "氵" or "扌"

	jiǔ	Hàn	méi	yǎn
	1. ____吧	2. ____语	3. ____有	4. ____京剧

	dì	chǎng	kuài
	5. ____图	6. 操____	7. 一____钱

九 交际练习 Communicative exercise

来到中国以后，你吃过什么有名的中国菜（Zhōngguócài, Chinese dishes）？

What famous Chinese food have you eaten since you came to China?

你想想

"上下"在一起，少了一个"一"，这是什么字？

汉字笔顺表

❶ 过 guò 辶 + 寸

| 一 | 寸 | 寸 | 讨 | 讨 | 过 | | | | | | | 過 |

❷ 剧 jù 居 + 刂

| 尸 | 尹 | 尸 | 尸 | 居 | 居 | 居 | 剧 | 剧 | 劇 |

❸ 演 yǎn 氵 + 寅

| 丶 | 氵 | 氵 | 氵 | 氵 | 沪 | 沪 | 沪 | 渲 | 渲 | 演 |
| 演 | 演 | 演 | | | | | | | | |

❹ 后 hòu

| 一 | 厂 | 斤 | 斤 | 后 | 后 | | | | 後 |

⑤ 告 gào　牛 + 口

丿 𠂉 牛 生 生 告 告

⑥ 诉 sù　讠 + 斥

丶 讠 讠 讠 讠 诉 诉　　　诉

⑦ 烤 kǎo　火 + 考

丶 丷 火 火 火 灯 灶 烤 烤 烤

⑧ 鸭 yā　甲 + 鸟

丨 口 日 日 甲 甲 甲 甲 鸭 鸭　鴨

⑨ 应 yīng　广 + 业

丶 亠 广 广 庐 应 应　　　應

⑩ 该 gāi　讠 + 亥

丶 讠 讠 讠 讠 该 该 该　　該

⑪ 意 yì　立 + 曰 + 心

丶 亠 六 立 立 音 音 音 音 意

意 意

⑫ 思 si　田 + 心

丨 口 日 田 田 思 思 思 思

⑬ 当 dāng   ⺌ + 彐

丨 丨 ⺌ 当 当 当 　 　 　 　 　 **當**

⑭ 然 rán   犾 + 灬

丿 ク タ 夕 夕 外 狄 狁 然 然 然

然

⑮ 菜 cài   艹 + 采

一 十 艹 艹 芊 芏 苹 苹 苹 菜 菜

⑯ 事 shì

一 一 戸 戸 戸 事 事 事

⑰ 价 jià   亻 + 介

丿 亻 亻 价 价 价 　 　 　 　 　 **價**

⑱ 收 shōu   丩 + 攵

乚 丩 屮 屮 收 收

⑲ 典 diǎn   曲 + 八

丨 冂 口 由 曲 典 典 典

⑳ 快 kuài   忄 + 夬

丶 丷 忄 忄 忉 快 快

㉑ 递 dì　辶 + 弟

丶　丷　丷　兰　兰　弟　弟　弟　递　递　遞

㉒ 杂 zá　九 + 木

丿　九　九　杂　杂　杂　　　　　　　雜

㉓ 技 jì　扌 + 支

一　十　才　扌　扩　拔　技

17 去动物园

GOING TO THE ZOO

一 熟读词语 Read the following words repeatedly

上	下	接
～个星期	～个星期	～朋友
～（个）月	～（个）月	～电话
楼～	楼～	～球
车～		

条	最
一～路	～好
一～船	～长
一～裤子（kùzi, trousers）	～便宜
	～好看

二 写出动词 Fill in the correct verbs

1. _____自行车   2. _____朋友   3. _____地铁

4. _____电话   5. _____熊猫   6. _____船

7. _____价钱   8. _____东西

三 用"来"或"去"填空　Fill in the blanks with "来" or "去"

1. A：玛丽在楼上，我去叫她下_____玩儿。

   B：我跟你一起上_____叫她吧。

2. A：王兰在这儿吗？

   B：不在，她在楼下，你下_____找她吧。

3. A：十二点了，你们在这儿吃饭吧！

   B：不，我们回_____吃，谢谢！

4. A：九点了，你哥哥怎么还不回_____？

   B：你看，我哥哥回_____了。

5. A：打球还少一个人，大卫呢？

   B：在宿舍里，你进_____叫他来。

   A：他的宿舍就在操场旁边，你在这儿叫他就行。

   B：大卫，快出_____打球！

四 用"还是"提问　Raise questions with "还是"

1. A：_____？

   B：不喝可乐，我喝咖啡。

2. A：_____？

   B：上海和香港（Xiānggǎng, Hongkong）我都想去。

3. A：_____？

   B：我要买橘子，不买苹果。

4. A：_____？

　　B：这个星期天我不去公园，我想去动物园。

5. A：_____？

　　B：我不坐汽车，也不坐地铁，我想骑自行车去。

五　填写正确的词语　Fill in the blanks with the proper words

❶ 听说《我的姐姐》这_____ 电影很_____，❷ 我和王兰都_____ 去看。❸ 王兰_____："我知道这_____ 电影在哪儿_____，明天我们_____ 去。"我_____："怎么去？"她_____："我_____ 自行车去。"我说："我没有自行车。"❹ 王兰_____："那我们_____坐公交车去吧。"

六　用"怎么样、谁、什么时候、还是"把上面带序号的句子改成疑问句
Change the numbered sentences above into interrogative sentences with "怎么样，谁，什么时候，还是"

1. _____

2. _____

3. _____

4. _____

七 说话人在哪儿? 请连线　Where is the speaker? Connect each pair with a line

1. 你们进来喝茶。

2. 刘京快下来玩儿!

3. 我们上去找他，好吗?

4. 快出来欢迎，朋友们都来了。

5. 我想下去走走，你呢?

6. 外边很冷，我们快进去吧。

里边

上边

外边

下边

八 请写出含有偏旁"口"的汉字　Write down the Chinese characters with the radical "口"

huí　　　　　yuán　　　　　guó　　　　　tú

1. _____ 家　　2. 公 _____　　3. 中 _____　　4. 地 _____

九 交际练习　Communicative exercise

来中国以后，你去哪儿旅游过?

Where have you been since you came to China?

你想想

"大口吃进一块钱"是什么字?

汉字笔顺表

❶ 气 qì

丿　⺁　⺇　气　　　　　　　　　　　　氣

❷ 划 huá 戈 + 刂

一 弋 戈 戈 戈 划

❸ 船 chuán 舟 + 㕣

丶 丿 ⺆ ⺆ 舟 舟 舟 舩 舩 船 船

❹ 骑 qí 马 + 奇

⺄ 马 马 马 驮 驴 骑 骑 骑 骑 骑

騎

❺ 自 zì

丿 ⺆ 白 白 自 自

❻ 啊 a 口 + 阿

丨 ⼞ 口 㕷 呀 呀 啊 啊 啊 啊

❼ 跟 gēn 足 + 艮

丶 ⼞ 口 ⺊ 尸 尸 足 趴 跟 跟 跟

跟 跟

❽ 动 dòng 云 + 力

一 二 云 云 云 动

動

❾ 物 wù 牛 + 勿

丿 ⼂ 牛 牛 牜 物 物 物

⑩ 熊 xióng　　能 + 灬

ㄥ　ㄥ　台　台　台　台　能　能　能　能

能　能　熊

⑪ 猫 māo　　犭 + 苗

丿　犭　犭　犭　犷　犷　猫　猫　猫　猫

⑫ 接 jiē　　扌 + 妾

一　扌　扌　扩　扩　护　拉　按　接　接

⑬ 考 kǎo　　耂 + 丂

一　十　土　耂　耂　考

⑭ 条 tiáo　　夂 + 朩

丿　夂　夂　冬　夆　条　条　　　　　條

⑮ 最 zuì　　曰 + 取

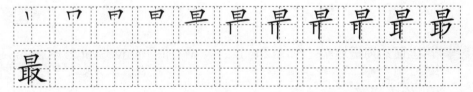

丶　冂　冂　曰　早　昌　昻　昻　昂　最　最

最

18 路上辛苦了

DID YOU HAVE A TIRING TRIP

一 熟读词语 Read the following words repeatedly

从	先	辛苦
～美国来	～走了	～了
～这儿坐公交车去	～看看，再买	～你了
～北京到上海	～洗手，再吃饭	工作很～
～八点到十点		

一会儿	毕业	开
坐～	大学～	～车
休息～	中学～	火车～了
等～	毕了业就（工作）	～商店
～我就来		～门（mén, door）

二 用上面的词语填空 Fill in the blanks with the above words or phrases

1. 你走累了，就在这儿＿＿＿＿＿＿吧。

2. 我去年＿＿＿＿＿＿进这家公司工作了。

3. 他很忙，现在有个电话要接，请你＿＿＿＿＿＿好吗？

4. A：明天怎么去北海公园？

   B：我哥哥会＿＿＿＿＿＿，我们坐他的车去。

三 用"要……了""快要……了""就要……了"完成句子 Complete the following sentences with "要……了""快要……了" or "就要……了"

1. _____，我想下个月开始找工作。

2. _____，我们快上车吧。

3. _____（到 北京），我下飞机以后，先给朋友

打个电话。

4. 大卫_____，我们等他一下儿。

5. 饭_____，你们就在我家吃饭吧。

四 完成对话 Complete the following dialogues

1. A：小王，你不能喝酒。

   B：_____？

   A：一会儿你还要_____呢！

   B：我的车，我弟弟_____（开走）

   A：那你_____？

   B：我坐出租车回去。

2. A：_____？（什么酒）

   B：我不喝酒。

   A：_____？

   B：今天我开车。

   A：好吧，你不喝，我也不喝了。

五 写出动词的宾语 Fill in the objects that go with the verbs

1. 吃 2. 喝 3. 看 4. 坐

六 填写正确的词语 Fill in the blanks with the proper words

❶ 我去年二月_____美国来中国。❷ 在飞机上,我_____大卫就认识了。他就坐_____我旁边。飞机_____北京以后,我们很快就_____了。❸ 还没有走出机场,就有学校_____人来接_____,❹ 他们在出租车上告诉了我们住的房间号。

七 用"是……的"把上面带序号的句子改成疑问句,并回答第4题 Change the numbered sentences above into interrogative sentences with "是…… 的" and answer the fourth question

1. _____? (时候)

2. _____? (哪儿 认识)

3. _____? (谁 接)

4. _____? (怎么来)

八 请写出含有偏旁"刂"或"彳"的汉字 Write down the Chinese characters with the radical "刂" or "彳"

huá　　　　dào　　　　　　kè　　　　　jù

1. _____船　　2. _____北京　　3. 两点一_____　　4. 京_____

hěn　　　　háng　　　　wǎng

5. _____多　　6. 银_____　　7. _____前走

九 **交际练习** Communicative exercise

设计一段你去机场接朋友的对话。

Your classmate and you make a dialogue about picking up a friend at the airport.

你想想

"行"有哪两个读音？你能写出两个读音不同的有"行"的词吗？

汉字笔顺表

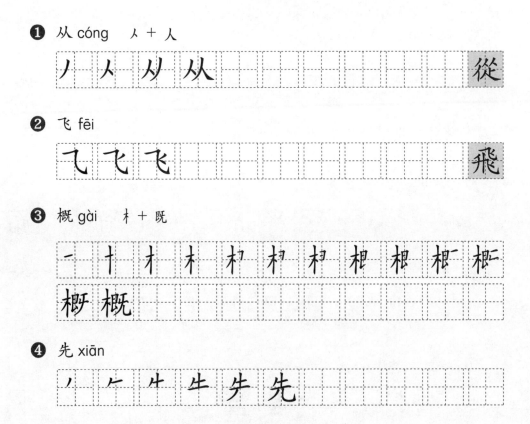

① 从 cóng 亻＋人

丿 亻 丛 从　　　　　　　　　　従

② 飞 fēi

乀 飞 飞　　　　　　　　　　飛

③ 概 gài 木＋既

一 十 才 木 柯 柯 柯 柯 柯 椎 椎
椎 概

④ 先 xiān

丿 产 牛 牛 先 先

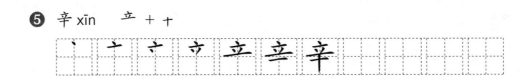
⑤ 辛 xīn　立 + 十

丶 一 亠 立 立 辛 辛

⑥ 苦 kǔ　艹 + 古

一 十 艹 艹 苎 苎 苦 苦

⑦ 务 wù　夂 + 力

丿 夂 冬 冬 务 　務

⑧ 为 wèi

丶 丷 为 为 　爲

⑨ 感 gǎn　咸 + 心

一 厂 厈 斤 咸 咸 咸 咸 咸 感 感
感 感

⑩ 贸 mào　卯 + 贝

丿 𠂊 𠂎 卯 卯 卯 留 贸 贸 　貿

⑪ 易 yì　日 + 勿

丨 冂 曰 日 旦 易 易 易

⑫ 毕 bì　比(匕 + 匕) + 十

一 上 比 比 比 毕 　畢

⑬ 开 kāi

一 二 于 开 　　　　　　　　　 開

⑭ 啤 pí 　口 + 卑

丨 口 口 口' 吖 吹 呐 呐 啤 啤 啤

⑮ 租 zū 　禾 + 且

一 二 千 禾 禾 利 和 和 租

⑯ 火 huǒ

丶 丷 少 火

迎接（2）

19 欢迎你

YOU ARE WELCOME

一 熟读词语 Read the following words repeatedly

别	送	以前
～客气	～朋友	来北京～
～不好意思	～给他一件衣服	吃饭～
～麻烦别人	不～了	睡觉～
	别～了	～的事

麻烦	不好意思	不用
太～	真～	～买
不～	太～了	～换车
～事儿		～接送
找～		～翻译
～别人		

二 用上面的词语填空 Fill in the blanks with the above words or phrases

1. 微信里的意思我都看懂了，你＿＿＿＿＿＿＿＿＿＿＿＿＿了。

2. 这件事我能做好，别＿＿＿＿＿＿＿＿＿＿＿。

3. 你去商店的时候＿＿＿＿＿＿＿＿＿＿你帮我买两瓶水来。

4. 你很忙，还来送我，＿＿＿＿＿＿＿＿＿＿。

5. 你的本子用完了，我有，给你，你＿＿＿＿＿＿＿＿＿了。

6. 我＿＿＿＿＿＿＿＿来这儿吃过，知道这儿的菜很好吃。

三 完成句子 Complete the following sentences

1. 大卫，快＿＿＿＿＿＿＿！（接电话）

2. 你这是＿＿＿＿＿＿＿来中国？（第　次）

3. 那个地方我去过＿＿＿＿＿＿＿，不想再去了。（次）

4. 你帮我＿＿＿＿＿＿＿，我打个电话。（拿）

5. 明天你从我这儿去还是＿＿＿＿＿＿＿？（朋友）

6. 昨天我找了＿＿＿＿＿＿＿，他都不在家。（次）

四 组词成句 Make sentences with the given words

1. 他　玛丽　来　那儿　从

   ＿＿＿＿＿＿＿＿＿＿＿＿＿＿＿＿＿

2. 我　法语　句　说　会　不　一　也

   ＿＿＿＿＿＿＿＿＿＿＿＿＿＿＿＿＿

3. 他　动物园　多　去　很　次　过

   ＿＿＿＿＿＿＿＿＿＿＿＿＿＿＿＿＿

4. 人　汉语　现在　多　学　的　很

   ＿＿＿＿＿＿＿＿＿＿＿＿＿＿＿＿＿

五 完成对话 Complete the following dialogues

1. A：这是北京的名菜，请尝尝＿＿＿＿＿＿＿！

   B：很好吃，这种菜以前我＿＿＿＿＿＿＿＿＿＿＿。

   （一……也没……）

2. A：我给你发的电子邮件，你＿＿＿＿＿＿＿＿＿？（收）

　　 B：这两天我忙极了，没时间＿＿＿＿＿＿＿＿＿。（网）

3. A：你＿＿＿＿＿＿＿＿了，我开车送你去。（坐　公交车）

　　 B：真＿＿＿＿＿＿＿。

4. A：昨天我给你打过三次电话，你＿＿＿＿＿＿＿＿。（接）

　　 B：我去长城了，没带手机。真对不起（duìbuqǐ, sorry）！

5. A：玛丽＿＿＿＿＿＿＿吗？

　　 B：她去楼下超市买水了，很快＿＿＿＿＿＿，你请进！（回）

　　 A：不用了，我在＿＿＿＿＿等＿＿＿＿＿吧。（她）

六　**根据拼音写汉字**　Write down the Chinese characters according to the given *pinyin*

1. Qǐng màn yìdiǎnr shuō, shuōkuàile wǒ bù dǒng.

＿＿＿＿＿＿＿＿＿＿＿＿＿＿＿＿＿＿＿＿＿＿＿

2. Fángjiān li tài rè le, wǒ chūqu zǒuzou.

＿＿＿＿＿＿＿＿＿＿＿＿＿＿＿＿＿＿＿＿＿＿＿

3. Zhè shì péngyou sòng gěi wǒ de shū.

＿＿＿＿＿＿＿＿＿＿＿＿＿＿＿＿＿＿＿＿＿＿＿

七　**填写正确的词语**　Fill in the blanks with the proper words

小王今天给我打＿＿＿＿＿＿，他＿＿＿＿＿＿："＿＿＿＿＿＿两点我去你

＿＿＿＿＿＿，还带一个朋友去。"我＿＿＿＿＿＿："他是谁？"他＿＿＿＿＿＿：

"到时候你就＿＿＿＿＿＿了。"

两点到了，小王来了，真的带来了一个女孩儿，小王给我介绍_____："她是我们的小学同学（tóngxué, classmate）李丽（Lǐ Lì）啊！"是李丽啊！我真不认识了。她变化（biànhuà, change）很大，现在是个漂亮（piàoliang, beautiful）的姑娘（gūniang, girl）了。

八 请写出含有偏旁"忄"的汉字 Write down the Chinese characters with the radical "忄"

kuài	màn	dǒng	máng
1. _____说	2. _____走	3. 听_____	4. 很_____

九 交际练习 Communicative exercise

设计一段你邀请（yāoqǐng, to invite）朋友一起吃饭的对话。
You make a dialogue about inviting a friend to dinner.

> **你会吗？**
>
> "数"有几个读音？你能写出它的读音吗？同时请分别造句。

汉字笔顺表

❶ 客 kè 宀 + 各

| 丶 | 丷 | 宀 | 宀 | 岁 | 宊 | 客 | 客 | 客 | |

❷ 第 dì 竹 + 弟

| 丿 | 丿 | 乍 | 灬 | 灬 | 竹 | 笠 | 竺 | 竻 | 第 |

❸ 次 cì 冫+欠

、 冫 冫 冫 次 次

❹ 经 jīng 纟+ 巠

乙 幺 纟 红 纵 经 绎 经 | 經

❺ 理 lǐ 王+里

一 二 T 王 玨 玾 珇 珇 理 理 理

❻ 礼 lǐ 礻+乚

丶 亠 礻 礻 礼 | 禮

❼ 翻 fān 番+羽

一 ㇒ 丆 平 乎 釆 釆 釆 番 番 番

番 翻 翻 翻 翻 翻 翻

❽ 译 yì 讠+ 睪

丶 讠 讧 讦 译 译 译 | 譯

❾ 顺 shùn 川+页

丿 刂 川 刂 刂 刂 顺 顺 顺 | 顺

❿ 外 wài 夕+卜

丿 夕 夕 外 外

⓫ 送 sòng 辶+关

丶 丷 丷 兰 关 关 关 送 送

⑫ 麻 má　广 + 林

丶　亠　广　广　斤　床　床　床　麻　麻　麻

⑬ 烦 fan　火 + 页

丶　丷　少　火　灯　灯　灯　炌　烦　烦　**煩**

⑭ 用 yòng

丿　冂　月　月　用

⑮ 热 rè　执 + 灬

一　扌　扌　扎　执　执　热　热　热　**熱**

⑯ 慢 màn　忄 + 曼

丶　忄　忄　忄　忄　忄　忄　忄　惧　慢　慢

惧　慢　慢

⑰ 钟 zhōng　钅 + 中

丿　𠂉　𠂉　𠂉　钅　钅　钊　钊　钟　　**鐘**

⑱ 笔 bǐ　竹 + 毛

丿　𠂇　𠂇　𠂉　竹　竹　竺　竺　竺　笔　**筆**

⑲ 寄 jì　宀 + 奇（大 + 可）

丶　宀　宀　宇　宇　审　审　害　害　寄　寄

⑳ 句 jù

丿　勹　勹　句　句

20 为我们的友谊干杯

LET'S HAVE A TOAST TO OUR FRIENDSHIP

一 **熟读词语** Read the following words repeatedly

过	像	一样
～来	～爸爸	～的生活
～去	不～妈妈	两种东西不～
～新年	～一家人	跟他的书～
～生日	～孩子一样	不～的价钱

洗	辆
～衣服	一～自行车
～手	两～汽车
～干净了	两～公共汽车
	两～出租车

二 **选择正确的介词填空** Fill in the blanks with the proper prepositions

从　给　对　跟　离　往　在

1. 我_____朋友们一起去划船。

2. 中国银行_____这儿很近，_____前走，就在那个大楼一层。

3. 他不知道我的电话号码，没_____我打过电话。

4. 明天你_____家里来还是_____公司来？

5. 你_____公园旁边的小超市等我，一会儿我就回来。

6. 酒喝多了，_____身体不好。

三 给括号内的词语找到适当的位置　Find the appropriate place in the sentence for each word given in the bracket

1. 我朋友 A 车 B 开 C 很好。　　　　　　　　（得）

2. 这是 A 日本朋友 B 送给 C 我 D 照片。　　　（的）

3. 我 A 早上 B 七点半 C 留学生食堂 D 吃早饭。（在）

4. 他 A 工作 B 的地方 C 家 D 不太远。　　　　（离）

5. 我 A 你 B 一起 C 去机场 D 接朋友。　　　　（跟）

6. 汽车 A 别 B 前 C 开，D 前边没有路。　　　　（往）

四 完成对话（用上"得"字）　Complete the following dialogues with "得"

1. A：_____？（北京　过）

　B：过得很不错。

2. A：你尝尝这个菜做_____？

　B：_____。（好吃）

3. A：_____？（今天　起）

　B：不，我起得很晚。

4. A：你会不会写汉字？

　B：会一点儿。

　A：_____？

B：写得不太好。

5. A：听说你做中国菜_____。

　　B：哪儿啊，我做得不好。

6. A：听说你英语、汉语说得都不错。

　　B：英语还可以，汉语_____。

7. A：你看，那三个孩子_____。（玩儿　高兴）

　　B：是啊，我想我们小时候也是这样的。

五 改错句　Correct the mistakes in the following sentences

1. 他说汉语很好。

　　→ _____

2. 她洗衣服得真干净。

　　→ _____

3. 他的书我的一样。

　　→ _____

4. 我会说法语一点儿。

　　→ _____

5. 他很慢吃饭。

　　→ _____

6. 他走很快。

　　→ _____

7. 昨天我不出去了。

　　→ _____

8. 他想工作在贸易公司。

→ _____

9. 昨天他不翻译完老师说的句子（jùzi）。

→ _____

10. 我下午不可以去商店。

→ _____

六 **根据拼音写汉字** Write down the Chinese characters according to the given *pinyin*

1. Zhè zhāng zài Běijīng zhào de zhàopiàn zhào de zhēn hǎo.

_____

2. Tāmen liǎng ge xiàng jiěmèi yíyàng.

_____

七 **填写正确的词语，然后选择正确的答案** Fill in the blanks with the proper words and choose the right answers

上星期小刘给我介绍的新朋友叫京京。她就_____在我们学校对面（duìmiàn, opposite）的大楼八层，她请_____今天下午两点去她_____玩儿。_____了，小刘还_____来，我就一个人先_____了。到了大楼一层，对面过_____的就是京京，我_____："京京，我来了。"她看了看我，像不认识_____人一样走了，这时候小刘来_____。我_____小刘："京京怎么不认识我了？"小刘_____："她不是京京，是京京的妹妹，时间_____了，快上去吧，一会儿我再告诉_____。"

■ **根据短文，选择正确答案** Choose the right answers according to the passage

（　　）1. A. "我"认识京京和她的妹妹

　　　　　　B. "我"不认识京京，认识京京的妹妹

　　　　　　C. "我"不认识京京的妹妹，认识京京

（　　）2. A. 小刘不知道京京的妹妹，知道"我"

　　　　　　B. 小刘知道京京，也知道京京有个妹妹

　　　　　　C. "我"知道京京，也知道京京有个妹妹

⑧ **请写出含有偏旁"心"或"⺗"的汉字** Write down the Chinese characters with the radical "心" or "⺗"

| yìsi | nín | gǎn | niàn |

1. 有＿＿＿　　2. ＿＿＿好　　3. ＿＿＿谢　　4. 纪＿＿＿

| xiǎng | xi | zěn |

5. ＿＿＿家　　6. 休＿＿＿　　7. ＿＿＿么样

| rán | diǎn | rè | zhào |

8. 当＿＿＿　　9. 两＿＿＿　　10. 很＿＿＿　　11. ＿＿＿片

⑨ **交际练习** Communicative exercise

你和同学设计一段去朋友家做客的对话。

You and your classmate make a dialogue about visiting your friend.

> **你想想**
>
> 　　一个"可"没有脚（jiǎo, foot），一个"可"有脚，两个"可"
> 上下在一起。这是什么字？你想想它是谁？

汉字笔顺表

❶ 得 děi 彳+得

❷ 愉 yú 忄+俞

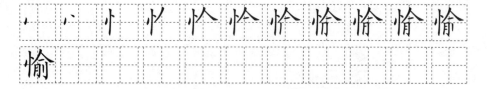

❸ 谊 yì 讠+宜

❹ 鱼 yú

❺ 像 xiàng 亻+象

❻ 健 jiàn 亻+建

❼ 康 kāng 广+隶

❽ 饺 jiǎo 饣 + 交

丿 𠂉 饣 饣 饣 饣 饣 饺 饺　　餃

❾ 饱 bǎo 饣 + 包

丿 𠂉 饣 饣 饣 饣 饣 饱　　飽

❿ 活 huó 氵 + 舌

丶 丶 氵 氵 氵 氵 汗 汗 活 活

⓫ 洗 xǐ 氵 + 先

丶 丶 氵 氵 氵 氵 泮 洗 洗 洗

⓬ 净 jìng 冫 + 争

丶 冫 冫 氵 氵 冷 净 净 净

⓭ 片 piàn

丿 丿 𡧆 片

⓮ 辆 liàng 车 + 两

一 𠃌 车 车 车 轫 轫 辆 辆 辆 辆

輛

测验（01—20课）

一 选择正确的读音，在括号内画"√"（每题 1 分，共 10 分）
Choose the correct *pinyin* and put a tick in the bracket

1. 累　A. léi　　（　　）　　2. 差　A. chà　　（　　）

　　　B. lèi　　（　　）　　　　　B. chài　　（　　）

3. 贵　A. guī　　（　　）　　4. 刻　A. kě　　（　　）

　　　B. guì　　（　　）　　　　　B. kè　　（　　）

5 离　A. lì　　（　　）　　6. 职员　A. zhīyuán　（　　）

　　　B. lí　　（　　）　　　　　B. zhíyuán　（　　）

7. 火车　A. huǒchē　（　　）　　8. 便宜　A. piányi　（　　）

　　　B. huòchē　（　　）　　　　　B. biànyí　（　　）

9. 请问　A. qīnwěn　（　　）　　10. 考试　A. kǎo shì　（　　）

　　　B. qǐngwèn　（　　）　　　　　B. kàoshī　（　　）

二 写出动词（每题 1 分，共 10 分）　　Fill in the correct verbs

1. _____自行车　　2. _____网　　3. _____电影

4. _____飞机　　5. _____茶　　6. _____船

7. _____衣服　　8. _____音乐　　9. _____家

10. _____钱

三 选词填空（每题 1 分，共 20 分） Fill in the blanks with the proper words

1.

| 个 | 瓶 | 辆 | 条 | 岁 | 句 | 次 | 本 | 张 | 件 |

① 他想给我一_____汉语书和一_____中国地图。

② 这_____人 20_____就大学毕业了。

③ 这_____路很远，我去叫_____出租车送你回去吧！

④ 他第一_____来中国的时候，一_____汉语也不会说。

⑤ 你去商店，麻烦你给我买两_____水，好吗？

⑥ 那_____毛衣太贵了，我不想买。

2.

| 给 | 在 | 往 | 从 | 跟 | 对 | 离 |

① 他不_____教室，_____操场打球呢！

② 中国贸易公司_____这儿很近，_____前走，就_____中国银行旁边。

③ 你_____我介绍一个会说法语的中国人，好吗？

④ 喝很多酒_____身体不好。

⑤ 明天我_____你们一起去长城，你们_____学校去还是_____家里去？

四 给括号内的词语找到适当的位置（每题 1 分，共 10 分） Find the appropriate place in the sentence for each word given in the bracket

1. 明天 A 我 B 去商店 C 看看，D 买东西。　　　　（不）

2. 你 A 等等 B，他 C 很快 D 来。　　　　（就）

3. 昨天 A 很冷 B，今天 C 不冷 D。　　　　　（了）

4. 他 A 车 B 开 C 很 D 好。　　　　　　　　　（得）

5. 他 A 晚上 B 十二点 C 睡觉 D。　　　　　　（常常）

6. 他 A 汉语 B 说 C 好极了 D，像中国人一样。（得）

7. 北京动物园 A 我 B 去 C 过 D。　　　　　　（两次）

8. 昨天晚上 A 你 B 看电视 C 没有 D？　　　　（了）

9. 你来 A 中国以后，吃 B 烤鸭 C 没有 D？　　（过）

10. 你 A 买 B 火车票以后，C 告诉 D 我。　　　（到）

五 **完成对话**（每题 2 分，共 20 分）　Complete the following dialogues

1. A：＿＿＿＿＿＿＿＿＿＿＿＿？

　　B：他叫大卫。

2. A：＿＿＿＿＿＿＿＿＿＿＿＿？（哪）

　　B：他是中国人。

3. A：＿＿＿＿＿＿＿＿＿＿＿＿？（吗）

　　B：对，他是坐地铁来的。

4. A：＿＿＿＿＿＿＿＿＿＿＿＿？（还是）

　　B：我不想喝咖啡，我要喝茶。

5. A：＿＿＿＿＿＿＿＿＿＿＿＿？（谁）

　　B：她是我妹妹。

6. A：我明天晚上去酒吧，＿＿＿＿＿＿＿？（呢）

　　B：我在家看电视。

7. A：_____? （什么）

B：他是公司职员。

8. A：她日本菜_____? （得）

B：很好吃。

9. A：你很喜欢喝酒，_____? （为什么）

B：一会儿我要开车。

10. A：昨天晚上_____?

B：我没看电视。

（六）**完成句子**（每题2分，共20分） Complete the following sentences

1. 我_____汉语。（一点儿）

2. 请您帮_____。（照相）

3. 时间不早了，我们_____。（家）

4. 这两个汉字我也不认识，我们 _____吧。（老师）

5. 他在楼上，你_____。（找）

6. 这两天他们_____，你不能去。（考试）

7. 你说得太快，我没听懂，请你_____。

（一点儿）

8. 中国杂技我还_____。（没……呢）

9. 我的手机没电了，_____。（不能）

10. 我试试这件毛衣，_____? （可以）

七 选择正确的应答，在括号内画"√"（每题2分，共10分） Choose the correct answers and put ticks in the bracket

1. A：你们吃啊，别客气！

    B：① 没什么。（　　　）

       ② 很客气。（　　　）

       ③ 谢谢。（　　　）

2. A：我们经理请您在北京饭店吃晚饭。

    B：① 可以。（　　　）

       ② 您太客气了，真不好意思。（　　　）

       ③ 我喜欢在饭店吃饭。（　　　）

3. A：他问您好！

    B：① 谢谢！（　　　）

       ② 我很好。（　　　）

       ③ 我身体很好。（　　　）

4. A：飞机为什么晚点了？

    B：① 开得很慢。（　　　）

       ② 喜欢晚一点儿到。（　　　）

       ③ 天气不好，起飞晚了。（　　　）

5. A：去北京大学要换车吗？

    B：① 不要换车就可以到。（　　　）

       ② 不用换车就可以到。（　　　）

       ③ 不能换车就可以到。（　　　）

参考答案

01 你好

一 1. p m f 2. t n l 3. k h

二 1. A 2. B 3. B 4. B 5. A 6. B

三 1. <u>nǐ</u> 4. <u>lǎo</u> 7. <u>wǔ</u> 8. <u>bǎn</u>

四 1. <u>nǐ</u> 2. <u>bǎo</u> 3. <u>fǎ</u> 4. <u>mǎ</u> 7. <u>měi</u>

五 1. hǎo 2. ma 3. yě 4. dōu

　　5. lái 6. tā 7. wǒmen 8. nǐmen

六 1. 你好 2. 来吗 3. 好吗 4. 好吗

七 1. 爸爸 2. 妈妈 3. 都 4. 来

　　5. 他们 6. 也 7. 我 8. 吗

八 1. 他（tā） 2. 她（tā）

02 你身体好吗

一 1. q x 2. c s 3. ch sh r

二 1. yě 3. wǔ 5. wǔ 6. yì

　　9. wūyā 10. yǒuyì

三 1. 五（④） 2. 八（①） 3. 九（④） 4. 早（②）

　　5. 身体（②） 6. 谢谢（③） 7. 再见（④） 8. 老师（①）

四 1. sì 2. shí 3. wǔ 4. liù

　　5. jiǔ 6. nín 7. jīntiān 8. hào

五 1. A、B：您 / 老师早

老师：你们早

A：您身体好吗

老师：很好　　谢谢　　你们身体好吗

A、B：我们（身体）都很好

2. A：你好　　　A：身体好吗　　　B：很好

　　A：来吗　　　A：也来吗　　　B：都来

六　1. 我身体很好。

　　2. 今天爸爸妈妈都来。/ 爸爸妈妈今天都来。

　　3. 他们身体都好吗？

　　4. 老师，您早！

七　1. 老师，您好！　　　　2. 谢谢你们！

　　3. 身体很好。　　　　　4. 爸爸妈妈再见！

八　1. <u>你</u>好　2. <u>你们</u>　3. <u>他</u>来　4. <u>身体</u>

03　你工作忙吗

一　1. p m f　　　　　2. t n l　　　　　3. k h

　　4. q x　　　　　　5. c s　　　　　　6. ch sh r

二　1. yu<u>àn</u>　　3. y<u>ǔ</u>　　4. j<u>ù</u>　　6. x<u>ué</u>

　　7. yu<u>è</u>　　9. q<u>ǔ</u>　　10. ju<u>é</u>　　12. q<u>ū</u>

三　不：1、2、6 四声　　　　　3、4、5、7、8 二声

　　一：1、2、4、5、6、7 四声　　　3、8 二声

四　1. gēge　　dìdi　　jiějie　　mèimei

　　2. nián　　yuè　　　rì　　　hào

　　3. jīntiān　　míngtiān　　jīnnián　　míngnián

五　1. A：身体很好　　你呢　　　2. B：今天 11 月 1 号

　　3. A：妹妹呢　　　　　　　　4. B：来　　不来

5. A：你呢　　　B：（工作）不太忙

六　1. C　　　2. C　　　3. D　　　4. A

七　1. 我哥哥弟弟明年都来。　　　　　2. 他爸爸妈妈身体不太好。

八　1. 你好　2. 她来　3. 妈妈　4. 姐姐　5. 妹妹

04 您贵姓

一　1. xìng　　　2. jiào　　　3. shì　　　4. bù　　　5. tài

　　6. gāoxìng　　7. hěn　　8. dōu　　9. yě

二　①叫　②不　③也　④是　⑤是　⑥不　⑦不

　　⑧姓　⑨是　⑩很　⑪也　⑫都　⑬高兴

三　1. 他弟弟是大夫。　　　　2. 他叫什么名字？

　　3. 我妹妹身体很好。　　　4. 我不是老师／学生，是学生／老师。

四　1. A：你姐姐叫什么名字　　A：是学生吗

　　2. A：他姓什么　　　　　　A：他是老师吗

　　3. A：认识我弟弟吗　　　　B：他今天来吗

　　4. A：你认识那个人吗　　　B：你呢

五　1. 她叫什么（名字）？　　2. 您（你）贵姓？／你姓什么？

　　3. 你是美国人吗？　　　　4. 他是美国留学生吗？

　　5. 你认识那个学生吗？　　6. 他忙吗？

　　7. 她是你朋友吗？　　　　8. 你累吗？

六　1. 他很累。　　　　　　　2. 她姓张。（她是张老师。）

　　3. 我是美国留学生。　　　4. 他姓什么？

　　5. 三个人都是学生。

七　①认识　②学生　③很　④高兴　⑤身体　⑥工作　⑦也

八　1. 好吗　2. 你呢　3. 叫什么　4. 名字

05 我介绍一下儿

一 1. yě 2. shì 3. huí 4. de 5. zài

6. kàn 7. rènshi 8. jièshào 9. yíxiàr

二 ① 认识 ② 介绍 ③ 一下儿 ④ 是 ⑤ 的 ⑥ 也

⑦ 是 ⑧ 的 ⑨ 是 ⑩ 的 ⑪ 在 ⑫ 在

⑬ 是 ⑭ 也 ⑮ 回 ⑯ 看 ⑰ 也 ⑱ 看

三 1. 她姓什么？ 2. 她是谁的好朋友？

3. 她爸爸妈妈的家在哪儿？ 4. 她在哪儿工作？

5. 她回北京做什么？

四 1. A：你去超市吗 B：你去哪儿

2. A：他在大卫的宿舍吗 A：他在哪儿

3. A、B：你去吗

4. A：王兰在吗 A：谢谢

5. A：你爸爸工作吗 A：你妈妈也工作吗

五 1. 我回家。 2. 他是谁？

3. 他不是北京人。 4. 我不认识那个美国留学生。

六 1. 在宿舍 2. 来教室 3. 去商店 4. 请进 5. 在家休息

七 1. 谢谢 2. 认识 3. 是谁 4. 请问

06 你的生日是几月几号

一 1. 今天 （2021年） 9月25日（号） 星期日。

Jīntiān (èr líng èr yī nián) jiǔyuè èrshíwǔ rì (hào) xīngqīrì.

2. 明天 9月26日 星期一。

Míngtiān jiǔyuè èrshíliù rì xīngqīyī.

3. 昨天　　　9 月　　　24 日　　　星期六。
　　Zuótiān　jiǔyuè　èrshísì rì　xīngqīliù.

二　①九月三十号　　②是　　③的　　④叫　　⑤是
　　⑥二十　　　　　⑦个　　⑧是　　⑨的　　⑩都
　　⑪都　　　　　　⑫的　　⑬看

三　1. 今天几月几号？

　　2. 今天是谁的生日？

　　3. 你朋友叫什么（名字）？

　　4. 你们三个人都是谁的好朋友？

　　5. 你们什么时候都去商店买东西？ / 今天下午你们做什么？

　　6. 你们晚上都去哪儿？ 做什么？ / 晚上你们都去大卫的宿舍做什

　　么？ / 你们什么时候去大卫的宿舍看他？

四　1. A：明天晚上你做什么　　　B：你呢

　　2. A：你做什么　　　3. A：你去吗

　　4. B：我很忙

五　1. 2020 年 3 月 25 号我在北京工作。

　　2. 明天上午十一点他们去超市买东西。

　　3. 他十二号星期六/这个月十二号（星期六）来我家玩儿。

　　4. 昨天下午我在宿舍休息。

　　5. 他昨天晚上在家看书。

六　1. 去超市买东西　　　　　2. 在宿舍听音乐

　　3. 星期天休息　　　　　　4. 晚上看电视

七　1. 看/买　2. 听　3. 买　4. 回　5. 看　6. 看
　　7. 看　　8. 去　9. 在/回/去　10. 做　11. 去　12. 在/去

八　1. 明天　2. 昨天　3. 晚上　4. 星期　5. 是他　6. 音乐

你想想 大学 dàxué　　　大夫 dàifu

07 你家有几口人

一　1. jié hūn　　2. zhíyuán　　3. yínháng　　4. háizi　　5. xuéxí

　　6. yǒu　　　7. méi　　　8. hé　　　9. kè

二　① 有　　② 和　　③ 职员　　④ 银行　　⑤ 结婚　　⑥ 孩子

　　⑦ 没　　⑧ 学习　　⑨ 学习　　⑩ 有　　⑪ 课

三　1. 尼娜家有几口人？　　　2. 她哥哥做什么工作？

　　3. 她哥哥结婚了吗？　　　4. 她哥哥有孩子吗？有几个孩子？

　　5. 她姐姐结婚了吗？　　　6. 尼娜学习什么？

　　7. 尼娜今天有课吗？　　　8. 她去大学做什么？/ 她去哪儿上课？

四　1. 我在宿舍听音乐。　　　2. 我在家休息。

　　3. 他们在教室上汉语课。　4. 他在商店买东西。

五　1. B：回家休息

　　2. A：你做什么工作

　　　 B：在大学工作

　　3. A：他们结婚了吗

　　4. A：你妹妹工作吗

　　5. A：你家有谁 / 你家有什么人

六　1、3、4、5、7：不　　　2、6、8：没

七　1. 他们今年二月结婚了。　2. 他 / 她有两个孩子。

　　3. 我明天去超市买东西。

八　1. 明天　　2. 朋友　　3. 电脑　　4. 我家　　5. 汉字

　　6. 教室　　7. 宿舍

你想想　朋

08 现在几点

一　1. 我早上七点起床。

2. 我早上七点十五 / 七点一刻吃早饭。

3. 我中午十二点吃午饭。

4. 我晚上七点半看电视。

5. 我晚上十一点五十 / 差十分十二点睡觉。

二　1. A：你几点 / 什么时候吃饭

2. A：你什么时候去上海

3. B：我在家上网　　　　　　A：你几点上网 / 什么时候上网

4. A：今天你去打网球吗　　　A：你在家做什么

三　1. C　　　2. C　　　3. C　　　4. C

四　1. 我没有电脑。　　2. 明天我不去商店。　　3. 他们没结婚。

4. 他七点起床。　　5. 我在食堂吃饭。

五　1. 去睡觉　　　　2. 看电影　　　　3. 吃饭

4. 买花儿　　　　5. 打网球　　　　6. 回宿舍

六　1. 饭　　　　　2. 网球　　　　3. 音乐

4. 早饭　　　　5. 东西 / 书 / 花儿　　6. 电视 / 电影 / 书

7. 家 / 宿舍　8. 床　　9. 课　　　10. 课

七　1. 再见　　2. 电视　　3. 现在　　4. 打球　　5. 睡觉　　6. 姓王

你想想　1. 太　　　2. 天　　　3. 夫

09 你住在哪儿

一　1. huānyíng　2. gāoxìng　3. yǒu　　4. pángbiān　5. wánr

6. zài　　7. yìqǐ　　8. cháng　9. hé　　10. jiào

二　① 有　　② 叫　　③ 在　　④ 在　　⑤ 旁边　　⑥ 欢迎

⑦玩儿　　⑧常　　　⑨一起　　⑩和　　⑪常

三　1. 他住在哪儿？　　　　　　　　2. 你家在哪儿？

3. 你们常常一起做什么？

4. 星期六、星期日你们常常做什么 / 在哪儿打球？

四　1. 你们学校有多少个老师？　　　2. 他的房间是多少号？

3. 他的生日是几月几号？　　　　4. 这个楼有几层？

5. 二号楼有多少（个）房间？　　6. 你有几个中国朋友？

五　1. 教室上课　　2. 花店买花儿　　3. 公园玩儿

4. 食堂吃饭　　5. 商店买东西

六　1. B　　　　2. A　　　3. B　　　4. B　　　5. C

七　1. 邮局在公园旁边。　　　　　　2. 欢迎来北京。

3. 上课的时候问老师。

八　1. 请进　　2. 欢迎　　3. 知道　　4. 旁边

你想想　月

10　邮局在哪儿

一　1. dōngbian　　2. nánbian　　3. xībian　　4. běibian

5. pángbiān　　6. nà　　　7. nàr　　8. xiūxi

9. bù　　　10. cháng　　11. zài　　12. lí

二　①在　　②南边　　③离　　④休息　　⑤常

⑥那儿　　⑦旁边　　⑧常　　⑨那儿　　⑩东边

⑪在　　⑫那　　⑬东边　　⑭不

三　1. 他爸爸在不在商店工作？

2. 那个商店离他家远不远？

3. 他爸爸早上七点半去不去工作？

4. 他爸爸下午五点半回不回家？

四　1.是　　2.一起　　3.那儿　　4.就　　5.往

五　1. A：银行在哪儿

　　2. A：离家远不远　　　　　　A：你怎么去

　　3. A：常上网吗　　　　　　　A：在哪儿上网

六　1.操场在教室的东边。

　　2.谁在旁边的房间听音乐？

　　3.他常去邮局做什么？

七　1.<u>您</u>早　　2.休<u>息</u>　　3.<u>怎</u>么

你想想　往

11　我要买橘子

一　略

二　1.这种　2.还　3.要　要　4.还　5.还　别的地方　6.很多种

三　1. A：买什么　　　A：几瓶

　　2. A：多少钱一斤　　B：六块三　你要几斤

　　3. A：商店在哪儿　　A：多吗　　A：便宜吗

　　4. A：要买什么　　　B：多少钱一斤

　　　 A：十块　　　　　B：贵了

四　1.听听　　　　2.休息休息　　3.介绍介绍　　4.问问

　　5.玩儿玩儿　　6.尝尝　　　　7.问问　　　　8.看看

五　1.他没结婚。

　　2.我昨天不忙，今天很忙。

　　3.他是职员，在银行工作。/ 他在银行工作，是职员。

　　4.我七点一刻在家吃早饭。

　　5.他晚上常常十一点半睡觉。

　　6.橘子多少钱一斤 / 一斤多少钱？

7. 要两瓶可乐，不要别的了。

8. 他买两个 / 斤苹果。

六　1. 坐汽车　　　2. 买东西　　　3. 吃苹果　　　4. 喝水

　　5. 听录音　　　6. 去银行

七　① 离　　② 店　　③ 店　　④ 书　　⑤ 个　　⑥ 书

　　⑦ 友　　⑧ 起　　⑨ 店　　⑩ 识　　⑪ 个　　⑫ 店

　　⑬ 绍　　⑭ 书　　⑮ 识　　⑯ 个　　⑰ 友　　⑱ 兴

八　1. 售货员　　2. 很贵　　3. 名字　　4. 不多　　5. 十岁

考考你　　1. 你　　　2. 他　　　3. 您　　　4. 做

　　　　　5. 住　　　6. 她们　　7. 身体　　8. 工作

　　　　　9. 什么　　10. 休息　　11. 时候　　12. 付钱

　　　　　13. 邮件　　14. 便宜　　15. 微信

12　我想买毛衣

一　略

二　小 xiǎo ── 大 dà　　　　　少 shǎo ── 多 duō

　　长 cháng ── 短 duǎn　　　便宜 piányi ── 贵 guì

三　1. 多少　　2. 怎么　　3. 哪儿　　4. 几

　　5. 怎么样　　6. 什么　　7. 谁

四　1. 穿/买　　2. 喝　　3. 发　　4. 写　　5. 回/在

　　6. 买　　7. 吃　　8. 看　　9. 学习　　10. 坐

五　1. A：饮料吗　　　　A：你喝什么饮料

　　2. A：你去哪儿　　　B：想买一个

　　3. B：不可以

　　4. B：我不想上网

六　1. 不长也不短 / 不大也不小　　　2. 不贵也不便宜

3. 不多也不少　　　　　　4. 不远也不近

七　①冷　②服　③少　④天　⑤件　⑥天

　　⑦穿　⑧在　⑨作　⑩累　⑪上　⑫觉

八　1. 手机　2. 大楼　3. 学校　4. 橘子　5. 怎么样　6. 好极了

　　7. 都来　8. 邮局

你想想 回

13 要换车

一　略

二　1. B　　　2. B　　　3. A　　　4. B　　　5. A

三　1. 他会说一点儿汉语了。

　　2. 现在十点半（了），他不会来了。

　　3. 姐姐给妹妹 / 妹妹给姐姐一张地图、一个本子。

　　4. 去天安门要换车吗？

四　1. A：你会做饭吗　　A：你会做中国菜吗　　A：谢谢

　　2. A：喝什么　　　A：还要别的吗

　　3. A：几点来　　　A：会来吗

　　4. A：我们（一起）看电影

　　　B：哪国的（电影）

　　　B：一起去看

五　1. 我会说一点儿汉语。　　　2. 他是日本留学生。

　　3. 我不会说汉语。　　　　　4. 他给我一本书。

　　5. 他们三个人都很忙。

六　1. 懂英语　2. 哪国电影　3. 刷卡　4. 没到站

七　①想　　②个　　③都　　④道　　⑤么　　⑥问

⑦说　　⑧离　　⑨很　　⑩校　　⑪往　　⑫星

⑬没　　⑭吃　　⑮去　　⑯玩儿

八　1.打球　　2.投币　　3.换钱　　4.找人

你看看　1.员 yuán　　货 huò　　贵 guì

2.远 yuǎn　　近 jìn　　道 dào

3.问 wèn　　间 jiān

4.我 wǒ　　找 zhǎo

14　我要去换钱

一　略

二　想 xiǎng　　会 huì　　能 néng　　要 yào　　可以 kěyǐ

1.能　　2.会　　3.可以　　4.要

5. A:要　B:想　　6. A:可（以）　可以　B:想　可以

三　1. A：我没带手机　　　　　B：快去

2. B：去了　　　　　　　　A：你买什么了

3. A：手机号码是多少　　　B：手机里有

4. A：怎么写

四　1. A　　2. C　　3. D　　4. D　　5. D

五　1.汽车　　2.音乐/录音　　3.汉字　　4.短信/电子邮件

5.饭　　6.床　　7.衣服　　8.钱/人/东西

9.可乐/水　　　　　　　10.汉语/英语/法语

六　①花　　　②银行　　③钱　　④今天　　⑤银行

⑥钱/人民币　　⑦多少　　⑧你　　⑨明天　　⑩你

七　1.明天我不去公园。　　　　2.昨天他没来上课。

3.和子常常做日本菜。　　　4.昨天我没来。

141

八 1. 教室　　2. 做饭　　3. 数数　　4. 换钱　　5. 银行

你看看　1. 兄子　　　　　　　2. 佘　介绍

3. 体息　身体　　　　4. 太　太学　明天

15　我要照张相

一 略

二 对 duì　　完 wán　　通 tōng　　到 dào　　懂 dǒng

1. 到　　2. 对　　3. 懂　　4. 完　　5. 通

三 1. 这种鲜花儿真好看。

2. 我给妈妈 / 妈妈给我打电话了。

3. 这个本子不好，能换一下儿吗？

4. 请你帮我交一下儿电话费。

四 1. A：这件衣服是谁的　　A：你能穿吗

2. A：这个手机是你的吗　　A：手机怎么样

3. B：没吃完

4. A：忙极了　　　　　　　B：到很晚

A：怎么样　　　　　　　B：（很）不错　　　B：谢谢

五 A：我累了，想去那儿坐坐。

B：等一等，这儿的花儿很好看，你给我照张相，好吗？

A：好，照完了再去。

六 ① 有　　② 给　　③ 电话　　④ 她　　⑤ 学校　　⑥ 电影

⑦ 手机　　⑧ 手机　　⑨ 电话　　⑩ 手机　　⑪ 到

七 1. 介绍　　2. 结婚　　3. 纪念　　4. 今天

5. 一个　　6. 会来　　7. 纪念　　8. 拿来

你想想 拿

16 你看过京剧吗

一 略

二 应该 yīnggāi 行 xíng 过 guò 了 le

  当然 dāngrán 想 xiǎng 会 huì

  1. B：当然 2. B：应该 3. A：过 B：过

  4. A：了 了 B：过

  5. A：行 B：想 行

  6. B：应该 A：过 B：会 会

三 1. 没去过呢 2. 学过 3. 过（饭） 很便宜

  4. 去过那个地方 5. 没起床

四 1. A：有人找你 2. B：没（人）告诉我

  3. A：收到了吗

  4. A：介绍（介绍）京剧

  B：有没有时间

  A：给我打电话

五 1. 你学过汉语没有？ 2. 我没吃过烤鸭。

  3. 他常常去留学生宿舍。 4. 你看电视了没有？

  5. 他还没结婚呢！

六 1. 给朋友找工作。 2. 有人请你介绍一下儿上海。

  3. 这件事能告诉他/她吗？

七 ①八号楼 ②问 ③说 ④知道

  ⑤住 ⑥知道 ⑦留学生 ⑧说

八 1. 酒吧 2. 汉语 3. 没有 4. 演京剧

5. 地图 6. 操场 7. 一块钱

你想想 卡

17 去动物园

一 略

二 1. 骑 2. 接/看 3. 坐 4. 打/接

5. 看 6. 划/坐 7. 问 8. 拿/买

三 1. A: 来 B: 去 2. B: 去 3. B: 去

4. A: 来 B: 来 5. B: 去 B: 来

四 1. A: 你喝可乐还是（喝）咖啡?

2. A: 你想去上海还是（去）香港?

3. A: 你要买橘子还是（买）苹果?

4. A: 这个星期天你去公园还是（去）动物园?

5. A: 你坐汽车去还是（坐）地铁去?

五 ① 个 ② 好 ③ 想 ④ 说 ⑤ 个 ⑥ 演

⑦ 一起 ⑧ 问 ⑨ 说 ⑩ 骑 ⑪ 说 ⑫ 一起

六 1. 这个电影怎么样?

2. 谁想去看这个电影?

3. 他们什么时候去看电影?

4. 他们骑自行车去还是坐公交车去?

七 1. 里边 2. 下边 3. 下边 4. 外边 5. 上边 6. 外边

八 1. 回家 2. 公园 3. 中国 4. 地图

你想想 园

18 路上辛苦了

一 略

二 1. 坐一会儿　　2. 大学毕业　　3. 等一会儿　　4. 开车

三 1. 快（就）要毕业了　　　　　2. 车（就）要开了

　　3. 快（就）要到北京了　　　　4. 就要来了

　　5. 就要做好了

四 1. B：为什么　　　A：开车　　　B：开走了　　　A：怎么回去

　　2. A：你喝什么酒　　　　A：为什么

五 1. 菜、饭、苹果

　　2. 可乐、水、酒、饮料

　　3. 书、电视、电影、朋友

　　4. 车、地铁、火车、船

六 ①从　　②跟/和　　③在　　④到　　⑤下来

　　⑥的　　⑦我们

七 1. 他是什么时候来中国的？

　　2. 他是在哪儿认识/大卫的？

　　3. 是谁去接他们的？

　　4. 他们是怎么来学校的？

八 1. 划船　　2. 到北京　　3. 两点一刻　　4. 京剧

　　5. 很多　　6. 银行　　7. 往前走

你想想　银行（háng）　　自行（xíng）车

19 欢迎你

一 略

二 1. 不用翻译　　　　2. 麻烦别人　　　　3. 麻烦

4. 真不好意思　　　　5. 不用买　　　　6. 以前

三　1. 来接电话　　　　2. 第几次　　　　3. 很多次

4. 拿一下儿东西　　　5. 从朋友那儿去　　6. 他两／三次

四　1. 他从玛丽／玛丽从他那儿来。

2. 我一句法语也不会说。

3. 他去过动物园很多次。

4. 现在学汉语的人很多。

五　1. A：吧　　　　　B：一次也没吃过

2. A：收到没有　　　B：上网

3. A：不用坐公交车　B：不好意思

4. A：都没接

5. A：在　　　　　B：就回来　　　A：楼下／这儿　　她

六　1. 请慢一点儿说，说快了我不懂。

2. 房间里太热了，我出去走走。

3. 这是朋友送给我的书。

七　①电话　②说　③下午　④家　⑤问

⑥说　⑦知道　⑧说

八　1. <u>快</u>说　2. <u>慢</u>走　3. 听<u>懂</u>　4. 很<u>忙</u>

你会吗？　1. 数（shǔ）：请数一下儿一共多少钱。
　　　　　2. 数（shù）：你最好记一下儿钱数。

20　为我们的友谊干杯

一　略

二　1. 跟　　2. 离　往　3. 给　　4. 从　从　5. 在　　6. 对

三　1. C　　2. D　　3. C　　4. C　　5. A　　6. B

四　1. A：你在北京过得怎么样

2. A：得怎么样　　　　　　B：做得很好吃

3. A：今天你起得很早吧

4. A：你写得怎么样

5. A：做得很好

6. B：说得不（太）好

7. A：玩儿得多高兴 / 很高兴 / 高兴极了

五　1. 他说汉语说得很好。　　　　2. 她洗衣服洗得真干净。

3. 他的书跟我的一样。　　　　4. 我会说一点儿法语。

5. 他吃饭吃得很慢。　　　　　6. 他走得很快。

7. 昨天我没出去。　　　　　　8. 他想在贸易公司工作。

9. 昨天他没翻译完老师说的句子。　10. 我下午不能去商店。

六　1. 这张在北京照的照片照得真好。

2. 她们两个像姐妹一样。

七　① 住　　② 我们　　③ 家　　④ 两点　　⑤ 没

⑥ 去　　⑦ 来　　⑧ 说　　⑨ 的　　⑩ 了

⑪ 问　　⑫ 说　　⑬ 晚　　⑭ 你

1. C　　　　2. B

八　1. 有意思　2. 您好　3. 感谢　4. 纪念　5. 想家　6. 休息

7. 怎么样　8. 当然　9. 两点　10. 很热　11. 照片

你想想　哥

测验（01—20 课）

一　1. B　　2. A　　3. B　　4. B　　5. B

6. B　　7. A　　8. A　　9. B　　10. A

二　1. 骑　　2. 上　　3. 看　　4. 坐　　5. 喝

6. 坐 / 划　7. 买 / 穿　8. 听　9. 回 / 在　10. 换 / 花

三 1.①本 张 ②个 岁 ③条 辆 ④次 句 ⑤瓶 ⑥件

2.①在 在 ②离 往 在 ③给 ④对 ⑤跟 从 从

四 1. D　　　2. D　　　3. D　　　4. C　　　5. A／B

6. C　　　7. D　　　8. C　　　9. B　　　10. B

五 1. 他叫什么（名字）

2. 他是哪国人

3. 他是坐地铁来的吗

4. 你要喝咖啡还是喝茶

5. 她是谁

6. 你呢

7. 他做什么工作

8. 做得怎么样／好吃吗／好吃不好吃

9. 为什么今天不喝呢

10. 你看电视了吗／你看电视了没有／你看没看电视

六 1. 会（说）一点儿　　　　2. 我（们）照张相

3. 回家吧　　　　　　　4. 问问老师

5. 上去找他吧　　　　　6. （有／要）考试

7. 说得慢一点儿　　　　8. 没看过呢

9. 不能打电话了　　　　10. 可以吗／可以不可以

七 1.③　　　2.②　　　3.①　　　4.③　　　5.②

博雅国际汉语精品教材

第五版
5TH EDITION

汉语会话 *301* 句 上册

CONVERSATIONAL CHINESE 301

VOLUME I

康玉华　来思平　编著

By Kang Yuhua & Lai Siping

北京大学出版社
PEKING UNIVERSITY PRESS

图书在版编目 (CIP) 数据

汉语会话301句：英文注释本. 上册 / 康玉华，来思平编著. —5版. —北京：北京大学出版社，2022.8

博雅国际汉语精品教材

ISBN 978-7-301-32163-8

Ⅰ.①汉⋯　Ⅱ.①康⋯ ②来⋯　Ⅲ.①汉语 – 口语 – 对外汉语教学 – 教材　Ⅳ.①H195.4

中国版本图书馆CIP数据核字（2021）第 074312 号

书　　　名	汉语会话 301 句（英文注释本）（第五版）·上册	
	HANYU HUIHUA 301 JU (YINGWEN ZHUSHIBEN) (DI-WU BAN)·SHANGCE	
著作责任者	康玉华　来思平　编著	
责 任 编 辑	唐娟华	
标 准 书 号	ISBN 978-7-301-32163-8	
出 版 发 行	北京大学出版社	
地　　　址	北京市海淀区成府路 205 号　100871	
网　　　址	http://www.pup.cn　新浪微博：@北京大学出版社	
电 子 信 箱	zpup@pup.cn	
电　　　话	邮购部 010–62752015　发行部 010–62750672　编辑部 010–62767349	
印 刷 者	北京宏伟双华印刷有限公司	
经 销 者	新华书店	
	787 毫米 × 1092 毫米　16 开本　23.75 印张　346 千字	
	2015 年 6 月第 4 版	
	2022 年 8 月第 5 版　2023 年 12 月第 3 次印刷	
定　　　价	78.00 元（含课本、练习册、音频）	

第五版出版说明

　　《汉语会话 301 句》是当今全球非常畅销的对外汉语经典教材。本教材由北京语言大学康玉华、来思平两位教师编写，北京语言学院出版社 1990 年出版，1998 年修订再版，2006 年出版第三版，译有近十种外语注释的版本，发行逾百万册。本书为英文注释本第五版，由编者和北京大学出版社汉语及语言学编辑部精心修订。

　　第五版修订主要包括三方面的内容。第一，在不改动原有语言点顺序的前提下，改编内容过时的课文，更换能反映当下社会生活的内容，如增加"微信""快递"等词语；第二，教学内容的编排精益求精，生词的设置和翻译更加精细，语言点注释更加完善；第三，配套练习册随课本进行了修订，并增加了交际性练习。经过这次修订，《汉语会话 301 句》这套经典教材又焕发出了新的活力。

　　好教材是反复修订出来的。在当今汉语教材空前繁荣的局面下，经典教材的修订反而愈加凸显其标杆意义。自 1990 年初版以来，《汉语会话 301 句》通过不断的自我更新，见证了汉语教学事业从兴旺走向辉煌的历程，并且成为潮头的夺目浪花。此次修订融进了新的教学研究理念和教材编写思想。我们相信，我们为汉语教师提供的是好教的教材，也是外国学生好用的教材。

北京大学出版社

汉语及语言学编辑部

2022 年 8 月

前　言

　　《汉语会话 301 句》是为初学汉语的外国人编写的速成教材。

　　全书共 40 课，另有复习课 8 课。40 课内容包括"问候""相识"等交际功能项目近 30 个、生词 800 个左右以及汉语基本语法。每课分句子、会话、替换与扩展、生词、语法、练习等六部分。

　　本书注重培养初学者运用汉语进行交际的能力，采用交际功能与语法结构相结合的方法编写。全书将现代汉语中最常用、最基本的部分通过生活中常见的语境展现出来，使学习者能较快地掌握基本会话 301 句，并在此基础上通过替换与扩展练习，达到能与中国人进行简单交际的目的，为进一步学习打下良好的基础。

　　考虑到成年人学习的特点，对基础阶段的语法部分，本书用通俗易懂的语言，加上浅显明了的例句作简明扼要的解释，使学习者能用语法规律来指导自己的语言实践，从而起到举一反三的作用。

　　本书练习项目多样，练习量也较大。复习课注意进一步训练学生会话与成段表达，对所学的语法进行归纳总结。各课的练习和复习课可根据实际情况全部或部分使用。

编者

1989年3月

Conversational Chinese 301 is intended to be an intensive course book for foreigners who have just started to learn Chinese.

This book consists of 40 lessons and 8 reviews. The 40 lessons encompass nearly 30 communicative functions such as "Greetings" and "Making an Acquaintance", about 800 new words and the fundamentals of Chinese grammar. Each lesson is divided into six parts: Sentences, Conversations, Substitution and Extension, New Words, Grammar (Phonetics in first three lessons), and Exercises.

This book lays emphasis on improving the ability of the learner to use Chinese for communication. It integrates the communicative function with the grammatical structure and presents the most essential and useful part of the language in the linguistic environments one is usually exposed to in daily life, so as to enable the learner to master the 301 basic conversational sentences fairly quickly, and on that basis, through "Substitution and Extension" practice, to acquire the ability to carry on simple conversations in Chinese. In this way, the book will also help lay a solid foundation for further study.

In view of the characteristics of language learning of the adult, we use not only easy-to-understand language, but also simple grammar. All this will help him use the grammatical rules to guide his own language practice and draw inferences about other cases from one instance.

The exercises are varied and plentiful. The reviews give due attention to improving the conversational and narrative skills of the learner, as well as systematically summarizing the grammar points covered. The exercises in each lesson and the reviews may be used in totality or in part, according to actual circumstances.

The Compilers
March, 1989

简称表 Abbreviations

1	名	名词	míngcí	noun
2	代	代词	dàicí	pronoun
3	动	动词	dòngcí	verb
4	能愿	能愿动词	néngyuàn dòngcí	modal verb
5	形	形容词	xíngróngcí	adjective
6	数	数词	shùcí	numeral
7	量	量词	liàngcí	measure word
8	数量	数量词	shùliàngcí	quantifier
9	副	副词	fùcí	adverb
10	介	介词	jiècí	preposition
11	连	连词	liáncí	conjunction
12	助	助词	动态助词	dòngtài zhùcí	aspect particle
			结构助词	jiégòu zhùcí	structural particle
			语气助词	yǔqì zhùcí	modal particle
13	叹	叹词	tàncí	interjection
14	拟声	拟声词	nǐshēngcí	onomatopoeia
15	头	词头	cítóu	prefix
16	尾	词尾	cíwěi	suffix

CONTENTS 目 录

V

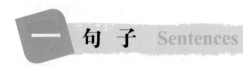

01 你 好

HOW DO YOU DO

一 句 子 Sentences

001 | 你 好！① How do you do?
Nǐ hǎo!

002 | 你 好 吗？② How are you?
Nǐ hǎo ma?

003 | （我）很 好。 (I'm) Fine.
(Wǒ) Hěn·hǎo.

004 | 我 也 很 好。 I am fine, too.
Wǒ yě hěn hǎo

二 会 话 Conversations

1

大卫：玛丽，你好！
Dàwèi: Mǎlì, nǐ hǎo!

玛丽：你好，大卫！
Mǎlì: Nǐ hǎo, Dàwèi!

2

王兰： 你好吗？
Wáng Lán: Nǐ hǎo ma?

刘京： 我 很 好 。 你 好 吗？
Liú Jīng: Wǒ hěn hǎo. Nǐ hǎo ma?

王兰： 我 也 很 好 。
Wáng Lán: Wǒ yě hěn hǎo.

注释 Notes

❶ 你好! How do you do?

日常问候语。任何时间、任何场合以及任何身份的人都可以使用。对方的回答也应是"你好"。

It is an everyday greeting and is used at any time, on any occasion and by a person of any social status. The reply should also be "你好".

❷ 你好吗? How are you?

常用问候语。回答一般是"我很好"等套语。一般用于已经相识的人之间。

It is an everyday greeting and is usually used between acquaintances. A polite expression such as "我很好" can be used as a reply.

三 替换与扩展 Substitution and Extension

1. 替换 Substitution

（1） 你好! ⟫ ⟪ 你们

（2） 你好吗? ⟫ ⟪ 你们 她 他 他们

2. 扩展 Extension

（1）A：你们好吗？
　　　 Nǐmen hǎo ma?

　　 B：我们都很好。
　　　 Wǒmen dōu hěn hǎo.

　　 A：你好吗？
　　　 Nǐ hǎo ma?

　　 B：我也很好。
　　　 Wǒ yě hěn hǎo.

（2）A：你来吗？
　　　 Nǐ lái ma?

　　 B：我来。
　　　 Wǒ lái.

　　 A：爸爸妈妈来吗？
　　　 Bàba māma lái ma?

　　 B：他们都来。
　　　 Tāmen dōu lái.

四　生词　New Words

1.	你好	nǐ hǎo		hello
2.	你	nǐ	代	you (*single*)
3.	好	hǎo	形	well, fine
4.	吗	ma	助	*used at the end of a question*
5.	我	wǒ	代	I, me
6.	很	hěn	副	very
7.	也	yě	副	also, too
8.	你们	nǐmen	代	you (*plural*)
9.	她	tā	代	she, her
10.	他	tā	代	he, him
11.	他们	tāmen	代	they, them
12.	我们	wǒmen	代	we, us

13.	都	dōu	副	all
14.	来	lái	动	to come
15.	爸爸	bàba	名	father, dad
16.	妈妈	māma	名	mother, mum

专名 Proper Nouns

1.	大卫	Dàwèi	David (name of a person)
2.	玛丽	Mǎlì	Mary (name of a person)
3.	王兰	Wáng Lán	Wang Lan (name of a person)
4.	刘京	Liú Jīng	Liu Jing (name of a person)

五 语音 Phonetics

1. 声母、韵母(1) Initials and finals (1)

声母 initials	b p m f
	d t n l
	g k h

韵母 finals	a o e i u ü
	ai ei ao ou
	en ie uo
	an ang ing iou (iu)

2. 拼音（1） Phonetic alphabet (1)

	a	o	e	ai	ei	ao	ou	an	en	ang
b	ba	bo		bai	bei	bao		ban	ben	bang
p	pa	po		pai	pei	pao	pou	pan	pen	pang
m	ma	mo	me	mai	mei	mao	mou	man	men	mang
f	fa	fo		fei			fou	fan	fen	fang
d	da		de	dai	dei	dao	dou	dan	den	dang
t	ta		te	tai	tei	tao	tou	tan		tang
n	na		ne	nai	nei	nao	nou	nan	nen	nang
l	la		le	lai	lei	lao	lou	lan		lang
g	ga		ge	gai	gei	gao	gou	gan	gen	gang
k	ka		ke	kai	kei	kao	kou	kan	ken	kang
h	ha		he	hai	hei	hao	hou	han	hen	hang

3. 声调 Tones

汉语是有声调的语言。汉语语音有四个基本声调，分别用声调符号 "‾"（第一声）、"ˊ"（第二声）、"ˇ"（第三声）、"ˋ"（第四声）表示。

Chinese is a tone language. It has four basic tones, which are indicated respectively by the tone graphs: "‾" (the first tone), "ˊ" (the second tone), "ˇ" (the third tone) and "ˋ" (the fourth tone).

声调有区别意义的作用。例如，mā（妈）、má（麻）、mǎ（马）、mà（骂），声调不同，意思也不同。

The tones are used to distinguish meanings of a syllable. Different tones have different meanings, e.g. mā (mother), má (hemp), mǎ (horse), mà (to curse).

当一个音节只有一个元音时，声调符号标在元音上（元音 i 上有调号时要去掉 i 上的点儿，例如：nǐ）。一个音节的韵母有两个或两个以上的元音时，声调符号要标在主要元音上。例如：lái。

When there is only one vowel in a syllable, the tone-graph is put above the vowel (if the graph is above the vowel i, the dot of i is omitted, e.g. nǐ). When there are two or more than two vowels in the final of a syllable, the tone-graph falls on the main vowel, e.g. lái.

声调示意图 Diagram of tones

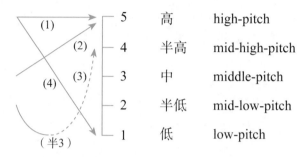

5	高	high-pitch
4	半高	mid-high-pitch
3	中	middle-pitch
2	半低	mid-low-pitch
1	低	low-pitch

- 第一声 1st tone　　ˊ 第二声 2nd tone　　ˇ 第三声 3rd tone　　ˋ 第四声 4th tone

4. 轻声　Neutral tone

普通话里有一些音节读得又轻又短，叫作轻声。书写时轻声不标调号。例如：bàba（爸爸）、tāmen（他们）。

In Mandarin, some syllables are pronounced both light and short. Such a tone is called the neutral tone, which lacks a tone-graph representation in writing, e.g. bàba (father), tāmen (they).

5. 变调　Change of tones

（1）两个第三声音节连在一起时，前一个音节变为第二声（调号仍用"ˇ"）。例如，"你好 nǐ hǎo"的实际读音为"ní hǎo"。

When two 3rd tones come together, the first one changes into the 2nd tone (but its tone-graph remains "ˇ"), e.g. " 你好 nǐ hǎo" (Hello) is actually pronounced as "ní hǎo".

（2）第三声音节在第一、二、四声和大部分轻声音节前边时，要变成"半三声"。半三声就是只读原来第三声的前一半降调。例如：nǐmen（你们）→ nǐmen。

When a syllable in the 3rd tone precedes a syllable in the 1st, 2nd, 4th tone or most of the neutral tone, it is pronounced as the half 3rd tone, that is, the tone only falls but doesn't rise, e.g. nǐmen（你们）→ nǐmen.

6. 拼写说明（1） Notes on spelling (1)

以 i 或 u 开头的韵母，前面没有声母时，须把 i 改写为 y，把 u 改写为 w。例如：
ie → ye, uo → wo。

Finals beginning with i or u, when not preceded by any initials, should be changed respectively into y and w, e.g. ie → ye, uo → wo.

六 练习 Exercises

1. 完成对话 Complete the following conversations

（1）A：你好！

　　B：＿＿＿＿＿＿＿＿＿＿＿＿＿＿！

　　A：他好吗？

　　B：＿＿＿＿＿＿＿＿＿＿＿＿＿。

（2）A、B：你好！

　　C：＿＿＿＿＿＿＿＿＿＿＿＿＿！

（3）玛丽：你好吗？

　　王兰：＿＿＿＿＿＿＿＿＿＿＿。你好吗？

　　玛丽：＿＿＿＿＿＿＿＿＿＿＿。刘京好吗？

　　王兰：＿＿＿＿＿＿＿＿。我们＿＿＿＿＿＿＿＿＿＿。

2. 情景会话 Situational dialogues

（1）你和同学见面，互相问候。

You meet and greet your classmates.

（2）你去朋友家，见到他/她的爸爸妈妈，向他们问候。

On a visit to your friend's home, you meet and greet his/her father and mother.

3. 在课堂上，同学、老师互相问候　A teacher and his students greet each other in class

4. 语音练习　Phonetic drills

(1) 辨音　Discrimination of sounds

bā （八）	pā （啪）	dā （搭）	tā （他）
gòu （够）	kòu （扣）	bái （白）	pái （排）
dào （到）	tào （套）	gǎi （改）	kǎi （凯）

(2) 轻声　Neutral tone

tóufa （头发）	nàme （那么）
hēi de （黑的）	gēge （哥哥）
lái ba （来吧）	mèimei （妹妹）

(3) 变调　Change of tones

bǔkǎo （补考）	hěn hǎo （很好）
dǎdǎo （打倒）	fěnbǐ （粉笔）
měihǎo （美好）	wǔdǎo （舞蹈）
nǐ lái （你来）	hěn lèi （很累）
měilì （美丽）	hǎiwèi （海味）
hěn hēi （很黑）	nǎge （哪个）

02 你身体好吗

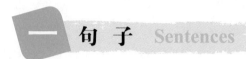

HOW ARE YOU

一 **句 子** Sentences

005 | 你 早！①　Good morning!
Nǐ　zǎo!

006 | 你 身 体 好 吗？　How are you?
Nǐ　shēntǐ　hǎo ma?

007 | 谢 谢！　Thanks!
Xièxie!

008 | 再 见！　Good-bye!
Zàijiàn!

二 **会 话** Conversations

1

李老师：你早！
Lǐ lǎoshī：Nǐ zǎo!

王老师：你早！
Wáng lǎoshī：Nǐ zǎo!

李老师: 你身体好吗？
Lǐ lǎoshī: Nǐ shēntǐ hǎo ma?

王老师: 很好。谢谢！
Wáng lǎoshī: Hěn hǎo. Xièxie!

2

张老师: 你们好吗？
Zhāng lǎoshī: Nǐmen hǎo ma?

王兰: 我们都很好。
Wáng Lán: Wǒmen dōu hěn hǎo.

您②身体好吗？
Nín shēntǐ hǎo ma?

张老师: 也很好。再见！
Zhāng lǎoshī: Yě hěn hǎo. Zàijiàn!

刘京: 再见！
Liú Jīng: Zàijiàn!

注释　Notes

❶ 你早！ Good morning!

问候语，只在早上见面时说。

It is an everyday greeting that is used only when people meet each other in the morning.

❷ 您　The respectful form of "你"

第二人称代词"你"的尊称。通常用于老年人或长辈。为了表示礼貌，对同辈人，特别是初次见面时，也可用"您"。

It is a respectful form of the second person pronoun "你". It is normally reserved for old people or elders. To show politeness, one may extend its use to people of his own generation, especially at the first meeting.

替换与扩展 **Substitution and Extension**

1. 替换 Substitution

（1）你早！　　>> <<　　您　你们　张老师　李老师

（2）你身体好吗？ >> << 他　你们　他们　王老师　张老师

2. 扩展 Extension

（1）五号　　　　　　八号　　　　　　九号
wǔ hào　　　　　　bā hào　　　　　　jiǔ hào

十四号　　　　　　二十七号　　　　　三十一号
shísì hào　　　　　èrshíqī　hào　　　　sānshíyī hào

（2）A：今天六号。李老师来吗？
Jīntiān liù hào. Lǐ lǎoshī lái ma?

B：她来。
Tā lái.

生 词 New Words

1.	早	zǎo	形	early
2.	身体	shēntǐ	名	body
3.	谢谢	xièxie	动	to thank
4.	再见	zàijiàn	动	to say good-bye

5.	老师	lǎoshī	名	teacher
6.	您	nín	代	you (*respectful*)
7.	一	yī	数	one
8.	二	èr	数	two
9.	三	sān	数	three
10.	四	sì	数	four
11.	五	wǔ	数	five
12.	六	liù	数	six
13.	七	qī	数	seven
14.	八	bā	数	eight
15.	九	jiǔ	数	nine
16.	十	shí	数	ten
17.	号（日）	hào (rì)	量	date
18.	今天	jīntiān	名	today

专名 Proper Nouns

1.	李	Lǐ	Li (*surname*)
2.	王	Wáng	Wang (*surname*)
3.	张	Zhāng	Zhang (*surname*)

五 语 音 Phonetics

1. 声母、韵母（2） Initials and finals (2)

声母 initials	j	q	x		z	c	s
	zh	ch	sh	r			

韵母 finals	an	en	ang	eng	ong
	ia	iao	ie	iou (iu)	
	ian	in	iang	ing	iong
	-i	er			

2. 拼音（2） Phonetic alphabet (2)

	i	ia	iao	ie	iou (iu)	ian	in	iang	ing	iong
j	ji	jia	jiao	jie	jiu	jian	jin	jiang	jing	jiong
q	qi	qia	qiao	qie	qiu	qian	qin	qiang	qing	qiong
x	xi	xia	xiao	xie	xiu	xian	xin	xiang	xing	xiong

	a	e	-i	ai	ei	ao	ou	an	en	ang	eng	ong
z	za	ze	zi	zai	zei	zao	zou	zan	zen	zang	zeng	zong
c	ca	ce	ci	cai	cei	cao	cou	can	cen	cang	ceng	cong
s	sa	se	si	sai		sao	sou	san	sen	sang	seng	song
zh	zha	zhe	zhi	zhai	zhei	zhao	zhou	zhan	zhen	zhang	zheng	zhong
ch	cha	che	chi	chai		chao	chou	chan	chen	chang	cheng	chong
sh	sha	she	shi	shai	shei	shao	shou	shan	shen	shang	sheng	
r		re	ri			rao	rou	ran	ren	rang	reng	rong

3. 拼写说明（2） Notes on spelling (2)

（1）韵母 i 或 u 自成音节时，前边分别加 y 或 w。例如：i → yi，u → wu。

When the finals i or u form syllables by themselves, they are preceded respectively by y or w, e.g. i → yi, u → wu.

（2）-i 代表 z、c、s 后的舌尖前元音 [ɿ]，也代表 zh、ch、sh、r 后的舌尖后元音 [ʅ]。在读 zi、ci、si 或 zhi、chi、shi、ri 时，不要把 -i 读成 [i]。

-i represents not only the frontal-alveolar vowel [ɿ] after z, c, s, but also the post-alveolar vowel [ʅ] after zh, ch, sh, r. In zi, ci, si, or zhi, chi, shi, ri, -i should not be articulated as [i].

（3）iou 在跟声母相拼时，中间的元音 o 省略，写成 iu。调号标在后一元音上。例如：jiǔ（九）。

When iou follows an initial, the vowel o in the middle should be omitted and thus be written as iu. The tone-graph is put above the last vowel, e.g. jiǔ (nine).

六 练 习 Exercises

1. 完成对话 Complete the following conversations

（1）A、B：老师，_____！

老师：_____！

（2）大卫：刘京，你身体_____？

刘京：_____，谢谢！

大卫：王兰也好吗？

刘京：_____。我们_____。

（3）王兰：妈妈，您身体好吗？

妈妈：_____。

王兰：爸爸 _____ ？

妈妈：他也很好。

2. 熟读下列短语 Read up on the following expressions

也来 都来 再来	很好 也很好 都很好	谢谢你 谢谢您 谢谢你们 谢谢老师	老师再见 王兰再见 爸爸妈妈再见

3. 情景会话 Situational dialogues

（1）两人互相问候并问候对方的爸爸妈妈。

Two people greet each other and inquire after each other's parents.

（2）同学们和老师见面，互相问候（同学和同学，同学和老师；一个人和几个人，几个人和另外几个人）。

A teacher meets his students. They greet one another (More specifically, the students greet one another, the students greet the teacher, one person greets several other persons and one group greets another).

4. 语音练习 Phonetic drills

（1）辨音 Discrimination of sounds

shāngliang （商量）	——	xiǎngliàng （响亮）
zhīxī （知悉）	——	zhīxīn （知心）
zájì （杂技）	——	zázhì （杂志）
dàxǐ （大喜）	——	dàshǐ （大使）
bù jí （不急）	——	bù zhí （不直）
xīshēng （牺牲）	——	shīshēng （师生）

(2) 辨调 Discrimination of tones

bā kē	（八棵）	——	bà kè	（罢课）
bùgào	（布告）	——	bù gāo	（不高）
qiān xiàn	（牵线）	——	qiánxiàn	（前线）
xiǎojiě	（小姐）	——	xiǎo jiē	（小街）
jiàoshì	（教室）	——	jiàoshī	（教师）

(3) 读下列词语 Read the following words

zǒu lù	（走路）	chūfā	（出发）
shōurù	（收入）	liànxí	（练习）
yǎn xì	（演戏）	sùshè	（宿舍）

03 你工作忙吗

ARE YOU BUSY WITH YOUR WORK

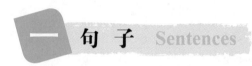 句 子 Sentences

009 | 你 工 作 忙 吗？ Are you busy with your work?
Nǐ gōngzuò máng ma?

010 | 很 忙，你 呢？① Yes, very much. And you?
Hěn máng, nǐ ne?

011 | 我 不 太 忙。I am not very busy.
Wǒ bú tài máng.

012 | 你 爸 爸 妈 妈 身 体 好 吗？
Nǐ bàba māma shēntǐ hǎo ma?
How are your father and mother?

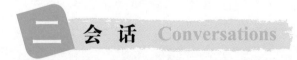 会 话 Conversations

1

李老师：你好！
Lǐ lǎoshī: Nǐ hǎo!

张老师： 你好！
Zhāng lǎoshī: Nǐ hǎo!

李老师： 你 工 作 忙 吗？
Lǐ lǎoshī: Nǐ gōngzuò máng ma?

张老师： 很 忙，你 呢？
Zhāng lǎoshī: Hěn máng, nǐ ne?

李老师： 我 不 太 忙。
Lǐ lǎoshī: Wǒ bú tài máng.

2

大卫： 老 师，您 早！
Dàwèi: Lǎoshī, nín zǎo!

玛丽： 老 师 好！
Mǎlì: Lǎoshī hǎo!

张老师： 你们好！
Zhāng lǎoshī: Nǐmen hǎo!

大卫： 老 师 忙 吗？
Dàwèi: Lǎoshī máng ma?

张老师： 很 忙，你 们 呢？
Zhāng lǎoshī: Hěn máng, nǐmen ne?

大卫： 我 不 忙。
Dàwèi: Wǒ bù máng.

玛丽： 我 也 不 忙。
Mǎlì: Wǒ yě bù máng.

3

王兰： 刘 京， 你 好！
Wáng Lán: Liú Jīng,　nǐ　hǎo!

刘京： 你好！
Liú Jīng: Nǐ hǎo!

王兰： 你爸爸 妈妈身体好吗？
Wáng Lán: Nǐ　bàba　māma shēntǐ hǎo ma?

刘京： 他们 都 很 好。 谢谢！
Liú Jīng: Tāmen dōu hěn hǎo.　Xièxie!

注释　Note

❶ 你呢？　What about you?

承接上面的话题提出问题。例如："我很忙，你呢"的意思是"你忙吗"，"我身体很好，你呢"的意思是"你身体好吗"。

It is a question asked in connection with the preceding topic, e.g. "我很忙，你呢" which means "Are you busy", "我身体很好，你呢" which means "How are you".

三 替换与扩展 Substitution and Extension

1. 替换 Substitution

（1）老师忙吗？

好　累

（2）A：你爸爸妈妈身体好吗？
　　　B：他们都很好。

哥哥姐姐

弟弟妹妹

2. 扩展 Extension

（1）一月　　　　二月　　　　六月　　　　十二月
　　　yīyuè　　　　èryuè　　　　liùyuè　　　　shí'èryuè

（2）今天十月三十一号。
　　　Jīntiān shíyuè sānshíyī hào.

　　　明天十一月一号。
　　　Míngtiān shíyīyuè yī hào.

　　　今年二〇一五年，明年二〇一六年。
　　　Jīnnián èr líng yī wǔ nián, míngnián èr líng yī liù nián.

四　生词　New Words

1.	工作	gōngzuò	动/名	to work; work
2.	忙	máng	形	busy
3.	呢	ne	助	*used at the end of a special, alternative, or rhetorical question to indicate a question*
4.	不	bù	副	not, no
5.	太	tài	副	very, extremely
6.	累	lèi	形	tired, worn out
7.	哥哥	gēge	名	elder brother
8.	姐姐	jiějie	名	elder sister
9.	弟弟	dìdi	名	younger brother
10.	妹妹	mèimei	名	younger sister
11.	月	yuè	名	moon, month

12.	明天	míngtiān	名	tomorrow
13.	年	nián	名	year
14.	今年	jīnnián	名	this year
15.	〇（零）	líng	数	zero
16.	明年	míngnián	名	next year

五 语音 Phonetics

1. 声母、韵母（3） Initials and finals (3)

韵母 finals	ua uo uai uei (ui) uan uen (un) uang ueng üe üan ün

2. 拼音（3） Phonetic alphabet (3)

	u	ua	uo	uai	uei (ui)	uan	uen (un)	uang
d	du		duo		dui	duan	dun	
t	tu		tuo		tui	tuan	tun	
n	nu		nuo			nuan	nun	
l	lu		luo			luan	lun	
z	zu		zuo		zui	zuan	zun	
c	cu		cuo		cui	cuan	cun	
s	su		suo		sui	suan	sun	
zh	zhu	zhua	zhuo	zhuai	zhui	zhuan	zhun	zhuang

ch	chu	chua	chuo	chuai	chui	chuan	chun	chuang
sh	shu	shua	shuo	shuai	shui	shuan	shun	shuang
r	ru	rua	ruo		rui	ruan	run	
g	gu	gua	guo	guai	gui	guan	gun	guang
k	ku	kua	kuo	kuai	kui	kuan	kun	kuang
h	hu	hua	huo	huai	hui	huan	hun	huang

	ü	üe	üan	ün
n	nü	nüe		
l	lü	lüe		
j	ju	jue	juan	jun
q	qu	que	quan	qun
x	xu	xue	xuan	xun

3. 拼写说明（3） Notes on spelling (3)

（1）ü 自成音节或在一个音节开头时写成 yu。例如：Hànyǔ（汉语）、yuànzi（院子）。

ü will be written as yu when it forms a syllable by itself or appears at the beginning of a syllable, e.g. Hànyǔ (Chinese), yuànzi (courtyard).

（2）j、q、x 与 ü 及以 ü 开头的韵母相拼时，ü 上的两点儿省略。例如：jùzi（句子）、xuéxí（学习）。

When j, q, x are put before ü and a final beginning with ü, the two dots in ü will be omitted, e. g. jùzi (sentence), xuéxí (to study).

（3）uei、uen 跟声母相拼时，中间的元音省略，写成 ui、un。例如：huí（回）、dūn（吨）。

When uei and uen follow initials, they change respectively into ui and un in writing. i.e., the vowel in the middle is deleted, e.g. huí (to return), dūn (ton).

4. "不""一" 的变调　Change of tones of "不" and "一"

（1）"不"在第四声音节前或由第四声变来的轻声音节前读第二声 bú，例如：bú xiè（不谢）、búshi（不是）；在第一、二、三声音节前仍读第四声 bù，例如：bù xīn（不新）、bù lái（不来）、bù hǎo（不好）。

"不" is pronounced in the 2nd tone (bú) before a syllable in the 4th tone or a syllable in the neutral tone reduced from the 4th tone, e.g. bú xiè (Not at all), búshi (fault). But "不" is still pronounced in the 4th tone (bù) when it precedes a syllable in the 1st, 2nd or 3rd tone, e.g. bù xīn (not new), bù lái (not to come), bù hǎo (not good).

（2）"一"在第四声音节前读第二声 yí，例如：yí kuài（一块）；在第一、二、三声音节前读第四声 yì，例如：yì tiān（一天）、yì nián（一年）、yìqǐ（一起）。

"一" is pronounced in the 2nd tone (yí) before a syllable in the 4th tone, e.g. yí kuài (a block/bar). But "一" is pronounced in the 4th tone (yì) when it precedes a syllable in the 1st, 2nd or 3rd tone, e.g. yì tiān (a day), yì nián (a year), yìqǐ (together).

5. 儿化　Retroflexion with -r

er 常常跟其他韵母结合在一起，使该韵母成为儿化韵母。儿化韵母的写法是在原韵母之后加 -r。例如：wánr（玩儿）、huār（花儿）。

er is often added to another final to make it retroflexed. The retroflex final is transcribed by adding -r to the original final, e.g. wánr (to play), huār (flower).

6. 隔音符号　The dividing mark

a、o、e 开头的音节连接在其他音节后面时，为了使音节界限清楚，不致混淆，要用隔音符号 " ' " 隔开。例如：nǚ'ér（女儿）。

When a syllable beginning with a, o or e is attached to another syllable, it is desirable to use the dividing mark " ' " to clarify the boundary between the two syllables, e.g. nǚ'ér (daughter).

六 练习 Exercises

1. 熟读下列短语并造句 Read up on the following expressions and make sentences

不好
不太好

都不忙
也很忙
都很忙

不累
不太累
都不累

2. 用所给词语完成对话 Complete the conversations with the given words

（1）A：今天你来吗？

B：＿＿＿＿＿＿＿＿＿＿＿。（来）

A：明天呢？

B：＿＿＿＿＿＿＿＿＿＿＿。（也）

（2）A：今天你累吗？

B：我不太累。＿＿＿＿＿＿？（呢）

A：我＿＿＿＿＿＿＿＿。（也）

B：明天你＿＿＿＿＿＿＿？（来）

A：＿＿＿＿＿＿＿＿＿＿。（不）

（3）A：你爸爸忙吗？

B：＿＿＿＿＿＿＿＿＿＿＿。（忙）

A：＿＿＿＿＿＿＿＿＿？（呢）

B：她也很忙。我爸爸妈妈＿＿＿＿＿＿＿＿。（都）

3. 根据实际情况回答下列问题并互相对话　Answer the following questions according to actual situations and make dialogues

（1）你身体好吗？

（2）你忙吗？

（3）今天你累吗？

（4）明天你来吗？

（5）你爸爸（妈妈、哥哥、姐姐……）身体好吗？

（6）他们忙吗？

4. 语音练习　Phonetic drills

（1）辨音　Discrimination of sounds

zhǔxí	（主席）	——	chūxí	（出席）
shàng chē	（上车）	——	shàngcè	（上策）
shēngchǎn	（生产）	——	zēng chǎn	（增产）
huádòng	（滑动）	——	huódòng	（活动）
xīn qiáo	（新桥）	——	xīn qiú	（新球）
tuīxiāo	（推销）	——	tuì xiū	（退休）

（2）辨调　Discrimination of tones

càizǐ	（菜籽）	——	cáizǐ	（才子）
tóngzhì	（同志）	——	tǒngzhì	（统治）
héshuǐ	（河水）	——	hē shuǐ	（喝水）
xìqǔ	（戏曲）	——	xīqǔ	（吸取）
huíyì	（回忆）	——	huìyì	（会议）

(3) er 和儿化韵　er and retroflex finals

értóng	（儿童）	nǚ'ér	（女儿）
ěrduo	（耳朵）	èrshí	（二十）

---

yíhuìr	（一会儿）	yìdiǎnr	（一点儿）
yíxiàr	（一下儿）	yǒudiǎnr	（有点儿）
huār	（花儿）	wánr	（玩儿）
xiǎoháir	（小孩儿）	bīnggùnr	（冰棍儿）

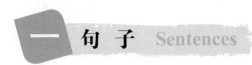

xiāngshí
相识（1）
MAKING AN ACQUAINTANCE (1)

04 您贵姓

MAY I KNOW YOUR NAME

一 句 子 Sentences

013
我 叫 玛 丽。I am Mary.
Wǒ jiào Mǎlì.

014
认 识 你 ， 我 很 高 兴。I am pleased to meet you.
Rènshi nǐ, wǒ hěn gāoxìng.

015
您 贵 姓 ? ① May I know your name?
Nín guìxìng?

016
你 叫 什 么 名 字 ? ② What's your name?
Nǐ jiào shénme míngzi?

017
她 姓 什 么 ? ③ What's her family name?
Tā xìng shénme?

018
她 不 是 老 师 ， 她 是 学 生。
Tā bú shì lǎoshī, tā shì xuésheng.
She is not a teacher, she is a student.

二 会 话 Conversations

1

玛丽: 我 叫 玛丽，你 姓 什么？
Mǎlì: Wǒ jiào Mǎlì, nǐ xìng shénme?

王兰: 我 姓 王，我 叫 王 兰。
Wáng Lán: Wǒ xìng Wáng, wǒ jiào Wáng Lán.

玛丽: 认识 你，我 很 高兴。
Mǎlì: Rènshi nǐ, wǒ hěn gāoxìng.

王兰: 认识 你，我 也 很 高兴。
Wáng Lán: Rènshi nǐ, wǒ yě hěn gāoxìng.

2

大卫: 老 师，您 贵 姓？
Dàwèi: Lǎoshī, nín guìxìng?

张老师: 我 姓 张。你 叫 什么 名字？
Zhāng lǎoshī: Wǒ xìng Zhāng. Nǐ jiào shénme míngzi?

大卫: 我 叫 大卫。她
Dàwèi: Wǒ jiào Dàwèi. Tā

姓 什么？
xìng shénme?

张老师: 她 姓 王。
Zhāng lǎoshī: Tā xìng Wáng.

大卫：她是老师吗？

Dàwèi: Tā shì lǎoshī ma?

张老师：她不是老师，她是学生。

Zhāng lǎoshī: Tā bú shì lǎoshī,   tā shì xuésheng.

注释　Notes

① **您贵姓？　May I know your name?**

"贵姓"是尊敬、客气地询问姓氏的敬辞。只用于第二人称。回答时要说"我姓……"，不能说"我贵姓……"。

"贵姓" is a respectful and polite way of asking the name of a person. It is only used for asking the second person. The answer is not "我贵姓……", but "我姓……".

② **你叫什么名字？　What's your name?**

也可以说"你叫什么"。用于长辈对晚辈，或者年轻人之间互相询问姓名。对长辈表示尊敬、客气时，不能用这种问法。

One may also use "你叫什么". It is used by elders when they want to know the names of young people or between young people. One shouldn't use it, therefore, when he wants to know an elder's name or when he needs to show respect and politeness to his hearer.

③ **她姓什么？　What's her family name?**

询问第三者姓氏时用。不能用"她贵姓"。

It is used for asking the third person's name. One shouldn't say "她贵姓".

三 替换与扩展 Substitution and Extension

1. 替换 Substitution

（1）我认识<u>你</u>。　

他	玛丽	那个学生
他们老师	这个人	

（2）A：她是<u>老师</u>吗？
　　B：她不是<u>老师</u>，　　　▶▶◀◀
　　　　她是<u>学生</u>。

大夫	留学生
妹妹	姐姐

2. 扩展 Extension

A：我 不 认 识 那 个 人，她 叫 什 么？
　　Wǒ bú rènshi nàge rén, tā jiào shénme?

B：她 叫 玛 丽。
　　Tā jiào Mǎlì.

A：她 是 美 国 人 吗？
　　Tā shì Měiguórén ma?

B：是，她 是 美 国 人。她 是 我 的 朋 友。
　　Shì, tā shì Měiguórén. Tā shì wǒ de péngyou.

四　生　词　New Words

1.	叫	jiào	动	to call, to be known as...
2.	认识	rènshi	动	to know
3.	高兴	gāoxìng	形	glad
4.	贵姓	guìxìng	名	(*polite*) your name
5.	什么	shénme	代	what
6.	名字	míngzi	名	name
7.	姓	xìng	动/名	one's family name is...; surname

8.	是	shì	动	to be
9.	学生	xuésheng	名	student
10.	那	nà	代	that
11.	个	gè	量	*used before nouns without a special classifier of their own*
12.	这	zhè	代	this
13.	人	rén	名	person
14.	大夫	dàifu	名	doctor
15.	留学生	liúxuéshēng	名	foreign student
16.	朋友	péngyou	名	friend

专名 Proper Noun

美国	Měiguó	the United States

五 语 法 Grammar

1. 用"吗"的问句 Questions with "吗"

在陈述句末尾加上表示疑问语气的助词"吗"，就构成了一般疑问句。例如：

An interrogative sentence is formed by adding the modal particle "吗" at the end of a declarative sentence, e.g.

> ① 你好吗?   ② 你身体好吗?
>
> ③ 你工作忙吗?   ④ 她是老师吗?

2. 用疑问代词的问句 Questions with interrogative pronouns

用疑问代词（"谁""什么""哪儿"等）的问句，其词序跟陈述句一样。把陈述句中需要提问的部分改成疑问代词，就构成了疑问句。例如：

The word order of questions with interrogative pronouns ("谁" "什么" "哪儿" and so on) is the same as that of the declarative sentence. Replacing the corresponding part (i.e., the part being questioned) of a declarative sentence with an interrogative pronoun will result in an interrogative sentence, e.g.

① 他姓什么？　　　　② 你叫什么名字？

③ 谁（shéi）是大卫？　　④ 玛丽在哪儿（nǎr）？

3. 形容词谓语句 The sentence with an adjectival predicate

谓语的主要成分是形容词的句子，叫作形容词谓语句。例如：

A sentence with an adjective as the main element of its predicate is known as the sentence with an adjectival predicate, e.g.

① 他很忙。　　　　　② 他不太高兴。

六 练 习 Exercises

1. 完成对话 Complete the following conversations

（1）A：大夫，_____？

　　B：我姓张。

　　A：那个大夫_____？

　　B：他姓李。

（2）A：她_____？

　　B：是，她是我妹妹。

A：她 _____？

B：她叫京京。

（3）A：_____？

B：是，我是留学生。

A：你忙吗？

B：_____。你呢？

A：_____。

（4）A：今天你高兴吗？

B：_____。你呢？

A：_____。

2. 情景会话　Situational dialogues

（1）你和一个中国朋友初次见面，互相问候，问姓名，表现出高兴的心情。
You meet a Chinese friend for the first time. You greet each other and ask each other's names with delight.

（2）你不认识弟弟的朋友，你向弟弟问他的姓名、身体和工作情况。
You do not know your younger brother's friend. You ask your brother about his name, health and work.

3. 看图说句子　Make sentences according to the pictures

（1）认识

（2）高兴

（3）大夫

4. 听后复述　Listen and retell

　　我认识王英，她是学生。认识她我很高兴。她爸爸是大夫，妈妈是老师。他们身体都很好，工作也很忙。她妹妹也是学生，她不太忙。

5. 语音练习　Phonetic drills

(1)　辨音　Discrimination of sounds

piāoyáng	（飘扬）	——	biǎoyáng	（表扬）
dǒng le	（懂了）	——	tōng le	（通了）
xiāoxi	（消息）	——	jiāojí	（焦急）
gǔ zhǎng	（鼓掌）	——	gǔzhuāng	（古装）
shǎo chī	（少吃）	——	xiǎochī	（小吃）

(2)　辨调　Discrimination of tones

běifāng	（北方）	——	běi fáng	（北房）
fènliang	（分量）	——	fēn liáng	（分粮）
mǎi huār	（买花儿）	——	mài huār	（卖花儿）
dǎ rén	（打人）	——	dàrén	（大人）
lǎo dòng	（老动）	——	láodòng	（劳动）
róngyì	（容易）	——	róngyī	（绒衣）

(3) 读下列词语：第一声＋第一声　Read the following words: 1st tone + 1st tone

fēijī	（飞机）	cānjiā	（参加）
fāshēng	（发生）	jiāotōng	（交通）
qiūtiān	（秋天）	chūntiān	（春天）
xīngqī	（星期）	yīnggāi	（应该）
chōu yān	（抽烟）	guānxīn	（关心）

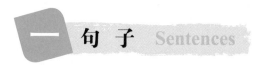

05 我介绍一下儿

LET ME INTRODUCE

一 **句 子** Sentences

019 | 他 是 谁？ Who is he?
Tā shì shéi?

020 | 我 介绍 一下儿①。 Let me introduce…
Wǒ jièshào yíxiàr.

021 | 你 去 哪 儿？ Where are you going?
Nǐ qù nǎr?

022 | 张 老师 在家 吗？ Is Mr. Zhang at home?
Zhāng lǎoshī zài jiā ma?

023 | 我 是 张 老师 的 学生。
Wǒ shì Zhāng lǎoshī de xuésheng.
I am Mr. Zhang's student.

024 | 请 进！ Please come in!
Qǐng jìn!

二 会 话 Conversations

1

玛丽： 王　兰，他是谁？
Mǎlì:　Wáng Lán,　tā shì shéi?

王兰： 玛丽，我介绍一下儿，这是我哥哥。
Wáng Lán:　Mǎlì,　wǒ jièshào yíxiàr,　zhè shì wǒ gēge.

王林： 我叫王林。认识你很高兴。
Wáng Lín:　Wǒ jiào Wáng Lín.　Rènshi nǐ hěn gāoxìng.

玛丽： 认识你，我也很高兴。
Mǎlì:　Rènshi nǐ,　wǒ yě hěn gāoxìng.

王兰： 你去哪儿？
Wáng Lán:　Nǐ qù nǎr?

玛丽： 我去北京大学。你们去哪儿？
Mǎlì:　Wǒ qù Běijīng Dàxué.　Nǐmen qù nǎr?

王林： 我们去商店。
Wáng Lín:　Wǒmen qù shāngdiàn.

玛丽： 再见！
Mǎlì:　Zàijiàn!

王兰、 王林： 再见！
Wáng Lán、Wáng Lín:　Zàijiàn!

2

和子： 张 老 师 在 家 吗？
Hézǐ: Zhāng lǎoshī zài jiā ma?

小英： 在。 您 是——②
Xiǎoyīng: Zài. Nín shì——

和子： 我 是 张 老 师 的 学 生，
Hézǐ: Wǒ shì Zhāng lǎoshī de xuésheng,

我 姓 山 下，叫 和 子。
wǒ xìng Shānxià, jiào Hézǐ.

你 是——
Nǐ shì——

小英： 我 叫 小 英。张 老 师 是 我 爸 爸。 请 进！
Xiǎoyīng: Wǒ jiào Xiǎoyīng. Zhāng lǎoshī shì wǒ bàba. Qǐng jìn!

和子： 谢谢！
Hézǐ: Xièxie!

注释 Notes

❶ 我介绍一下儿。Let me introduce...

给别人作介绍时的常用语。"一下儿"表示动作经历的时间短或轻松随便。这里是表示后一种意思。

This is a common expression for introducing others. "一下儿" means that an action will be of short duration or something will be done in a casual way. Here the second meaning is intended.

② 您是—— You are...

意思是"您是谁"。被问者应接下去答出自己的姓名或身份。这种句子是在对方跟自己说话,而自己又不认识对方时发出的询问。注意:"你是谁"这种问法不太客气,所以对不认识的人,当面一般不问"你是谁",而是问"您是——"。

It means "Who are you". The hearer should respond with his/her name or social status. Such a sentence is used only when a stranger has started to speak to you. Caution: "你是谁" is a rather impolite inquiry. So normally one can ask a stranger "您是——", but not "你是谁".

三 替换与扩展 Substitution and Extension

1. 替换 Substitution

(1) <u>我介绍</u>一下儿。 ▷▷◁◁ 你来　我看　你听　我休息

(2) A: 你去哪儿?
　　B: 我去<u>北京大学</u>。 ▷▷◁◁ 商店　宿舍　教室　酒吧　超市

(3) <u>张老师</u>在家吗? ▷▷◁◁ 你爸爸　你妈妈　你妹妹

2. 扩展 Extension

(1) A: 你 去 商 店 吗?
　　　Nǐ qù shāngdiàn ma?

　　B: 我 不 去 商 店, 我 回 家。
　　　Wǒ bú qù shāngdiàn, wǒ huí jiā.

（2）A：大卫在宿舍吗？
　　　Dàwèi zài sùshè ma?

　　　B：不在，他在３０２教室。
　　　Bú zài, tā zài sān líng èr jiàoshì.

四　生词　New Words

1.	谁	shéi/shuí	代	who
2.	介绍	jièshào	动	to introduce
3.	一下儿	yíxiàr	数量	*indicating an action of short duration or that done in a casual way*
4.	去	qù	动	to go
5.	哪儿	nǎr	代	where
6.	在	zài	动/介	to be at (in); in, at
7.	家	jiā	名	home
8.	的	de	助	*used after an attributive*
9.	请	qǐng	动	to invite, please
10.	进	jìn	动	to come in, to enter
11.	大学	dàxué	名	university
12.	商店	shāngdiàn	名	shop
13.	看	kàn	动	to look, to watch
14.	听	tīng	动	to listen, to hear
15.	休息	xiūxi	动	to have a rest

16.	宿舍	sùshè	名	dormitory
17.	教室	jiàoshì	名	classroom
18.	酒吧	jiǔbā	名	bar
19.	超市	chāoshì	名	supermarket
20.	回	huí	动	to come back, to return

专名 Proper Nouns

1.	王林	Wáng Lín	Wang Lin (*name of a person*)
2.	北京大学	Běijīng Dàxué	Peking University
3.	山下和子	Shānxià Hézǐ	Kazuko Yamashita (*name of a person*)
4.	小英	Xiǎoyīng	Xiaoying (*name of a person*)

五 语法 Grammar

1. 动词谓语句 The sentence with a verbal predicate

谓语的主要成分是动词的句子，叫作动词谓语句。动词如带有宾语，宾语在动词的后边。例如：

A sentence with a verb as the main element of its predicate is called a sentence with a verbal predicate. If the verb takes an object, the verb usually precedes the object, e.g.

> ① 他来。　　　② 张老师在家。
>
> ③ 我去北京大学。

2. 表示领属关系的定语 The attributive genitive

（1）代词、名词作定语表示领属关系时，后面要加结构助词"的"。例如：他的书、张老师的学生、王兰的哥哥。

When a pronoun or a noun is used as an attributive genitive, it generally takes the structural particle "的", e.g. "他的书" "张老师的学生" "王兰的哥哥".

（2）人称代词作定语，而中心语是亲属称谓，或表示集体、单位等的名词时，定语后可以不用"的"。例如：我哥哥、他姐姐、我们学校。

When a personal pronoun is used as an attributive and the headword is a kin term or an institutional one, "的" may be omitted in the attributive, e.g. "我哥哥" "他姐姐" "我们学校".

3. "是"字句（1） The "是" sentence (1)

动词"是"和其他词或短语一起构成谓语的句子，叫作"是"字句。"是"字句的否定形式，是在"是"前加否定副词"不"。例如：

A sentence with the verb "是" and other words or phrases constituting its predicate is known as the "是" sentence. Its negative counterpart is formed by putting the negative adverb "不" before "是", e.g.

> ① 他是大夫。　　　　② 大卫是她哥哥。
> ③ 我不是学生，是老师。

六 练习 Exercises

1. 熟读下列短语并造句 Read up on the following expressions and make sentences

叫什么	认识谁	在哪儿
去商店	妈妈的朋友	王兰的哥哥

2. 用所给词语完成对话 Complete the following conversations with the given words

（1）A：王兰在哪儿？

B：＿＿＿＿＿＿＿＿＿＿＿＿。（教室）

A：＿＿＿＿＿＿＿＿＿？（去教室）

B：不。我＿＿＿＿＿＿＿＿＿。（回宿舍）

（2）A：你认识王林的妹妹吗？

B：＿＿＿＿＿＿＿＿＿＿。你呢？

A：我认识。

B：＿＿＿＿＿＿＿＿？（名字）

A：她叫王兰。

（3）A：＿＿＿＿＿＿＿＿？（商店）

B：去。

A：这个商店好吗？

B：＿＿＿＿＿＿＿＿。（好）

3. 看图说句子 Make sentences according to the pictures

（1）去　　超市

（2）在　　教室

（3）回　　　宿舍 　　　　　　　　（4）是　　　老师

4. **根据句中的画线部分，把句子改成用疑问代词提出问题的问句**　Change the following sentences into questions by replacing the underlined parts with interrogative pronouns

（1）他是<u>我</u>的老师。　➡　--------------------------------

（2）她姓<u>王</u>。　➡　--------------------------------

（3）她叫<u>京京</u>。　➡　--------------------------------

（4）<u>她</u>认识王林。　➡　--------------------------------

（5）王老师去<u>教室</u>。➡　--------------------------------

（6）玛丽在<u>宿舍</u>。　➡　--------------------------------

5. **听后复述**　Listen and retell

　　我介绍一下儿，我叫玛丽，我是美国留学生。那是大卫，他是我的朋友，他也是留学生，他是法国人（Fǎguórén, French）。刘京、王兰是我们的朋友，认识他们我们很高兴。

6. 语音练习　Phonetic drills

(1) 辨音　Discrimination of sounds

zhīdao	（知道）	——	chídào	（迟到）
běnzi	（本子）	——	pénzi	（盆子）
zìjǐ	（自己）	——	cíqì	（瓷器）
niǎolóng	（鸟笼）	——	lǎonóng	（老农）
qílì	（奇丽）	——	qí lú	（骑驴）
jiāotì	（交替）	——	jiāo dì	（浇地）

(2) 辨调　Discrimination of tones

núlì	（奴隶）	——	nǔlì	（努力）
chīlì	（吃力）	——	chī lí	（吃梨）
jiù rén	（救人）	——	jiǔ rén	（九人）
měijīn	（美金）	——	méi jìn	（没劲）
zhuāng chē	（装车）	——	zhuàng chē	（撞车）
wán le	（完了）	——	wǎn le	（晚了）

(3) 读下列词语：第一声 + 第二声　Read the following words: 1st tone + 2nd tone

bā lóu	（八楼）	gōngrén	（工人）
jīnnián	（今年）	tī qiú	（踢球）
huānyíng	（欢迎）	shēngcí	（生词）
dāngrán	（当然）	fēicháng	（非常）
gōngyuán	（公园）	jiātíng	（家庭）

复习（一）

REVIEW（I）

一 会 话 Conversations

1

林：你好！

A：林大夫，您好！

林：你爸爸妈妈身体好吗？

A：他们身体都很好。谢谢！

林：这是——

A：这是我朋友，叫马小民（Mǎ Xiǎomín，*name of a person*）。〔对马
　小民说〕林大夫是我爸爸的朋友。

马：林大夫，您好！认识您很高兴。

林：认识你，我也很高兴。你们去哪儿？

马：我回家。

A：我去他家。您呢？

林：我去商店。再见！

A、马：再见！

2

高（Gāo, *surname*）：马小民在家吗？

B：在。您贵姓？

高：我姓高，我是马小民的老师。

B：高老师，请进。

高：你是——

B：我是马小民的姐姐，我叫马小清（Mǎ Xiǎoqīng, *name of a person*）。

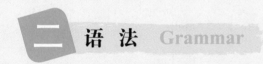

二 语 法 Grammar

"也"和"都"的位置 The positions of "也" and "都"

（1）副词"也"和"都"必须放在主语之后、谓语动词或形容词之前。"也""都"同时修饰谓语时，"也"必须在"都"前边。例如：

The adverbs "也" and "都" should be put between the subject and the predicate verb or adjective. When both of them are used to modify the same predicate, "也" should be put before "都", e.g.

① 我也很好。

② 他们都很好。

③ 我们都是学生，他们也都是学生。

（2）"都"一般总括它前边出现的人或事物，因此只能说"我们都认识他"，不能说"我都认识他们"。

As a rule, "都" indicates all of the persons or things referred to by the preceding noun (phrase). Therefore, one can say "我们都认识他", but not "我都认识他们".

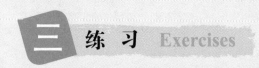

三 练 习 Exercises

1. 辨音辨调 Discrimination of sounds and tones

（1）送气音与不送气音 Aspirated and unaspirated sounds

b	bǎo le	饱了	full
p	pǎo le	跑了	to run away
d	dà de	大的	big one
t	tā de	他的	his
g	gāi zǒu le	该走了	It's time to leave.
k	kāizǒu le	开走了	to drive away
j	dì-jiǔ	第九	ninth
q	dìqiú	地球	the Earth

（2）区别几个易混的声母和韵母 Discrimination of a few easily confused initials and finals

j—x	jiějie	（姐姐） —— xièxie	（谢谢）
s—sh	sìshísì	（四十四） —— shì yi shì	（试一试）
üe—ie	dàxué	（大学） —— dàxiě	（大写）
uan—uang	yì zhī chuán	（一只船） —— yì zhāng chuáng	（一张床）

（3）区别不同声调的不同意义 Discrimination of the meanings of different tones

yǒu	（有 to have）	——	yòu	（又 again）
jǐ	（几 how many）	——	jì	（寄 to post）
piāo	（漂 to float）	——	piào	（票 ticket）
shí	（十 ten）	——	shì	（是 yes）
sī	（丝 silk）	——	sì	（四 four）
xǐ	（洗 to wash）	——	xī	（西 west）

2. 三声音节连读 Liaison of 3rd-tone syllables

（1）Wǒ hǎo. 　　　　　　（2）Nǐ yǒu.

　　Wǒ hěn hǎo. 　　　　　　　　 Nǐ yǒu biǎo (watch).

　　Wǒ yě hěn hǎo. 　　　　　　　 Nǐ yě yǒu biǎo.

四　阅读短文 Reading Passage

　　他叫大卫。他是法国人。他在北京语言大学（Běijīng Yǔyán Dàxué, Beijing Language and Culture University）学习。

　　玛丽是美国人。她认识大卫。他们是同学（tóngxué, classmate）。

　　刘京和（hé, and）王兰都是中国人（Zhōngguórén, Chinese）。他们都认识玛丽和大卫。他们常去留学生宿舍看玛丽和大卫。

　　玛丽和大卫的老师姓张。张老师很忙。他身体不太好。张老师的爱人（àiren, spouse）是大夫。她身体很好，工作很忙。

06 你的生日是几月几号

WHEN IS YOUR BIRTHDAY

一 句子 Sentences

025 | 今天几号？ What is the date today?
Jīntiān jǐ hào?

026 | 今天八号。 Today is the 8th.
Jīntiān bā hào.

027 | 今天不是星期四，昨天星期四。
Jīntiān bú shì xīngqīsì, zuótiān xīngqīsì.
Today is not Thursday, but yesterday was.

028 | 晚上你做什么？
Wǎnshang nǐ zuò shénme?
What will you do this evening?

029 | 你的生日是几月几号？
Nǐ de shēngrì shì jǐ yuè jǐ hào?
When is your birthday?

030 | 我们上午去她家，好吗？
Wǒmen shàngwǔ qù tā jiā, hǎo ma?
We'll go to visit her home in the morning, won't we?

二 会 话 Conversations

1

玛丽： 今天几号？
Mǎlì: Jīntiān jǐ hào?

大卫： 今天八号。
Dàwèi: Jīntiān bā hào.

玛丽： 今天星期四吗？
Mǎlì: Jīntiān xīngqīsì ma?

大卫： 今天不是星期四，昨天星期四。
Dàwèi: Jīntiān bú shì xīngqīsì, zuótiān xīngqīsì.

玛丽： 明天星期六，晚上你做什么？
Mǎlì: Míngtiān xīngqīliù, wǎnshang nǐ zuò shénme?

大卫： 我看电影，你呢？
Dàwèi: Wǒ kàn diànyǐng, nǐ ne?

玛丽： 我去酒吧。
Mǎlì: Wǒ qù jiǔbā.

2

玛丽： 王兰，你的生日是几月几号？
Mǎlì: Wáng Lán, nǐ de shēngrì shì jǐ yuè jǐ hào?

王兰： 三月十七号。你呢？
Wáng Lán: Sānyuè shíqī hào. Nǐ ne?

玛丽： 五月九号。
Mǎlì: Wǔyuè jiǔ hào.

王兰： 四 号 是 张 丽英 的 生 日。
Wáng Lán: Sì hào shì Zhāng Lìyīng de shēngrì.

玛丽： 四号星期几？
Mǎlì: Sì hào xīngqī jǐ?

王兰： 星期天。
Wáng Lán: Xīngqītiān.

玛丽： 你去她家吗？
Mǎlì: Nǐ qù tā jiā ma?

王兰： 去，你呢？
Wáng Lán: Qù, nǐ ne?

玛丽： 我也去。
Mǎlì: Wǒ yě qù.

王兰： 我 们 上 午 去，好 吗？
Wáng Lán: Wǒmen shàngwǔ qù, hǎo ma?

玛丽： 好。
Mǎlì: Hǎo.

三 替换与扩展 Substitution and Extension

1. 替换 Substitution

（1）今天几号？　>> <<

昨天	这个星期六
明天	这个星期日

（2）A：晚上你做什么？　>> <<
　　B：我看电影。

看书	听音乐
看电视	看微信

（3）我们<u>上午去她家</u>，
好吗？　　　»» ««　　晚上去酒吧　下午去书店

星期天听音乐　明天去买东西

2. 扩展 Extension

（1）A：明　天　是　几　月　几　号，星　期　几？
　　　　Míngtiān shì　jǐ　yuè　jǐ　hào，xīngqī　jǐ?

　　B：明　天　是　十　一　月　二　十　八　号，星　期　日。
　　　　Míngtiān shì　shíyīyuè　　èrshíbā　hào，xīngqīrì.

（2）这　个　星　期　五　是　我　朋　友　的　生　日。他　今　年
　　　Zhège　xīngqīwǔ　shì　wǒ péngyou de shēngrì. Tā　jīnnián

二　十　岁。下　午　我　去　他　家　看　他。
èrshí　suì.　Xiàwǔ wǒ qù　tā　jiā kàn tā.

四　生 词 New Words

1.	几	jǐ	代	which, how many
2.	星期	xīngqī	名	week
3.	昨天	zuótiān	名	yesterday
4.	晚上	wǎnshang	名	evening
5.	做	zuò	动	to do, to make
6.	生日	shēngrì	名	birthday
7.	上午	shàngwǔ	名	morning
8.	电影	diànyǐng	名	movie

9.	星期天 （星期日）	xīngqītiān (xīngqīrì)	名	Sunday
10.	书	shū	名	book
11.	音乐	yīnyuè	名	music
12.	电视	diànshì	名	television
13.	微信	wēixìn	名	WeChat
14.	下午	xiàwǔ	名	afternoon
15.	书店	shūdiàn	名	bookstore
16.	买	mǎi	动	to buy
17.	东西	dōngxi	名	thing, goods
18.	岁	suì	量	age

专名 Proper Noun

张丽英	Zhāng Lìyīng	Zhang Liying (*name of a person*)

五 语 法 Grammar

1. 名词谓语句 The sentence with a nominal predicate

（1）由名词、名词短语或数量词等直接作谓语的句子，叫作名词谓语句。肯定句不用"是"（如用"是"则是动词谓语句）。这种句子主要用来表达时间、年龄、籍贯及数量等。例如：

A sentence with a noun, noun phrase or quantifier as its predicate is known as the sentence with a nominal predicate. In an affirmative sentence, "是" is not used ("是" is used in the sentence with a verbal predicate). This type of sentence is mainly used to show time, age, birthplace and quantity, e.g.

① 今天星期天。　　② 我今年二十岁。

③ 他北京人。

（2）如果要表示否定，在名词谓语前加"不是"，变成动词谓语句。例如：

The addition of "不是" before the nominal predicate makes it the negative counterpart of the sentence, resulting in a sentence with a verbal predicate at the same time, e.g.

④ 今天不是星期天。　　⑤ 他不是北京人。

2. 年、月、日、星期的表示法 Ways to show the year, the month, the day and the days of the week

（1）年的读法是直接读出每个数字。例如：

The way to read a year is simply to read every figure, e.g.

一 九 九 八 年　　　　二 〇 〇 六 年
yī jiǔ jiǔ bā nián　　　èr líng líng liù nián

二 〇 二 四 年
èr líng èr sì nián

（2）十二个月的名称是数词"一"至"十二"后边加"月"。例如：

The names of the twelve months are formed by adding "月" to each of the numerals from 1 to 12, e.g.

一月　　五月　　九月　　十二月
yīyuè　　wǔyuè　　jiǔyuè　　shí'èryuè

（3）日的表示法同月。数词 1 至 31 后加"日"或"号"（"日"多用于书面语，"号"多用于口语）。

A day is indicated in the same way as a month, i.e., to add "日" or "号" to each of the numerals from 1 to 31 ("日" is mainly used in written Chinese, while "号" is preferred as an oral form).

（4）星期的表示法是"星期"后加数词"一"至"六"。第七天为"星期日"，或叫"星期天"。

Weekdays are indicated by putting "星期" before each of numerals from "一" to "六". The seventh day is written as "星期日" or "星期天".

（5）年、月、日、星期的顺序如下：

The order of the year, month, day and the days of the week is as follows:

2021 年 6 月 12 日（星期六）

3. "……，好吗？" The question tag "……，好吗？"

（1）这是用来提出建议后，征询对方意见的一种问法。问句的前一部分是陈述句。例如：

It is a way of soliciting an opinion from the person you are talking to after making a proposal. The first part of the question is a declarative sentence, e.g.

① 你来我宿舍，好吗？　　② 明天去商店，好吗？

（2）如果同意，就用"好""好啊（wa）"等应答。

If the reply is positive, one should say "好" or "好啊 (wa)".

六 练 习 Exercises

1. 熟读下列短语并选择四个造句 Read up on the following expressions and make sentences with four of them

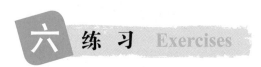

做什么　买什么　　看书　看电影　　他的生日　我的宿舍

星期天下午
明天上午
今天下午

看电视
听音乐
去书店

2. 完成对话 Complete the following conversations

（1）A：明天星期几？

B：_____。

A：_____？

B：我看电视。

（2）A：这个星期六是几月几号？

B：_____。

A：你去商店吗？

B：_____，我工作很忙。

（3）A：这个星期天晚上你做什么？

B：_____。你呢？

A：_____。

3. 谈一谈 Say what you can

（1）同学们互相介绍自己的生日。
Students talk about their own birthdays.

（2）介绍一下儿你做下面几件事情的时间。
Talk about the periods of time in which you do the following things.

看书   看电视   听音乐   买东西   看电影

4. 听后复述 Listen and retell

今天星期天，我不学习（xuéxí, to study）。上午我去商店，下午我去看电影，晚上我去酒吧。

5. 语音练习 Phonetic drills

(1) 辨音 Discrimination of sounds

zhuànglì （壮丽） ——	chuànglì	（创立）
zǎoyuán （枣园） ——	cǎoyuán	（草原）
rénmín （人民） ——	shēngmíng	（声明）
pǎo bù （跑步） ——	bǎohù	（保护）
niúnǎi （牛奶） ——	yóulǎn	（游览）
qǐzǎo （起早） ——	xǐ zǎo	（洗澡）

(2) 辨调 Discrimination of tones

túdì （徒弟） ——	tǔdì	（土地）
xuèyè （血液） ——	xuéyè	（学业）
cāi yi cāi （猜一猜） ——	cǎi yi cǎi	（踩一踩）
zǔzhī （组织） ——	zǔzhǐ	（阻止）
jiǎnzhí （简直） ——	jiān zhí	（兼职）
jiǎng qíng （讲情） ——	jiǎngqīng	（讲清）

（3）读下列词语：第一声＋第三声　Read the following words: 1st tone + 3rd tone

qiānbǐ	（铅笔）	jīchǎng	（机场）
xīnkǔ	（辛苦）	jīnglǐ	（经理）
shēntǐ	（身体）	cāochǎng	（操场）
hēibǎn	（黑板）	kāishǐ	（开始）
fāngfǎ	（方法）	gēwǔ	（歌舞）

07 你家有几口人

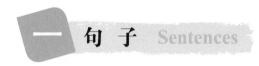

HOW MANY PEOPLE ARE THERE IN YOUR FAMILY

一 **句 子** Sentences

031

你 家 有 几 口 人？①

Nǐ jiā yǒu jǐ kǒu rén?

How many people are there in your family?

032

你 妈 妈 做 什 么 工 作？

Nǐ māma zuò shénme gōngzuò?

What does your mother do?

033

她 在 大 学 工 作。 She works in an university.

Tā zài dàxué gōngzuò.

034

我 家 有 爸 爸 妈 妈 和 两 个 弟 弟②。

Wǒ jiā yǒu bàba māma hé liǎng ge dìdi.

There are my father, mother and two younger brother in my family.

035

哥 哥 结 婚 了。 My elder brother is married.

Gēge jié hūn le.

036

他 们 没 有 孩 子。 They haven't any children.

Tāmen méiyǒu háizi.

二 会 话 Conversations

1

大卫： 刘 京，你 家 有 几 口 人？
Dàwèi: Liú Jīng, nǐ jiā yǒu jǐ kǒu rén?

刘京： 四 口 人。你 家 呢？
Liú Jīng: Sì kǒu rén. Nǐ jiā ne?

大卫： 三 口 人，爸爸 妈妈 和 我。
Dàwèi: Sān kǒu rén, bàba māma hé wǒ.

刘京： 你 爸爸 妈妈 做 什么 工作？
Liú Jīng: Nǐ bàba māma zuò shénme gōngzuò?

大卫： 我 爸爸 在 公司 工作。我 妈妈 在 大学 工作。
Dàwèi: Wǒ bàba zài gōngsī gōngzuò. Wǒ māma zài dàxué gōngzuò.

2

大卫： 和子，你 家 有 什么 人？
Dàwèi: Hézǐ, nǐ jiā yǒu shénme rén?

和子： 爸爸 妈妈 和 两 个 弟弟。
Hézǐ: Bàba māma hé liǎng ge dìdi.

大卫： 你 弟弟 是 学 生 吗？
Dàwèi: Nǐ dìdi shì xuésheng ma?

和子： 是，他们 学习 英语。
Hézǐ: Shì, tāmen xuéxí Yīngyǔ.

大卫： 你 妈妈 工作 吗？
Dàwèi: Nǐ māma gōngzuò ma?

和子： 她 不 工作。
Hézǐ: Tā bù gōngzuò.

3

王兰: 你家有谁? ③
Wáng Lán: Nǐ jiā yǒu shéi?

玛丽: 爸爸 妈妈 和 姐姐。
Mǎlì: Bàba māma hé jiějie.

王兰: 你 姐姐 工作 吗?
Wáng Lán: Nǐ jiějie gōngzuò ma?

玛丽: 工作。她 是 职员，在 银行 工作。你 哥哥
Mǎlì: Gōngzuò. Tā shì zhíyuán, zài yínháng gōngzuò. Nǐ gēge

做 什 么 工作?
zuò shénme gōngzuò?

王兰: 他 是 大夫。
Wáng Lán: Tā shì dàifu.

玛丽: 他 结婚 了 吗?
Mǎlì: Tā jié hūn le ma?

王兰: 结婚 了。他 爱人 是
Wáng Lán: Jié hūn le. Tā àiren shì

护士。
hùshi.

玛丽: 他们 有 孩子 吗?
Mǎlì: Tāmen yǒu háizi ma?

王兰: 没有。
Wáng Lán: Méiyǒu.

注释　Notes

❶ 你家有几口人？ How many people are there in your family?

"几口人"只用于询问家庭的人口。其他场合询问人数时，量词要用"个""位"等。

"几口人" is used to ask about the number of people in the family only. When one wants to ask about the number of people in an institution or a community, he should use the measure word "个" or "位", etc.

❷ 两个弟弟 two younger brothers

"两"和"二"都表示"2"。在量词前一般多用"两"，不用"二"。例如：两个朋友、两个哥哥。但 10 以上数字中的"2"，如 12、32 等数字中的"2"，不管后面有无量词，都用"二"，不用"两"。例如：十二点、二十二个学生。

"两" and "二" both mean "2". Generally, "两" is used instead of "二" before a measure word, e.g. "两个朋友" "两个哥哥". But for a figure bigger than 10, e.g. 12 or 32, "二" is used instead of "两" no matter whether it is followed by a measure word or not, e.g. "十二点" "二十二个学生".

❸ 你家有谁？ Who are there in your family?

此句与"你家有什么人"意思相同。"谁"既可以是单数（一个人），也可以是复数（几个人）。

The above sentence has the same meaning as "你家有什么人". "谁" can either be singular (one person) or plural (several persons).

三　替换与扩展　Substitution and Extension

1. 替换 Substitution

（1）他学习英语。 　汉语　日语　韩语

（2）她在<u>银行</u> <u>工作</u>。 ▶▶◀◀

教室	上课
宿舍	上网
家	看电视

（3）<u>他们</u>有<u>孩子</u>吗? ▶▶◀◀

你	姐姐	他	妹妹
你	英语书	他	汉语书
你	电脑	他	手机

2. 扩展 Extension

（1）我 在 北 京 语 言 大 学 学 习。
Wǒ zài Běijīng Yǔyán Dàxué xuéxí.

（2）今 天 有 汉 语 课，明 天 没 有 课。
Jīntiān yǒu Hànyǔkè, míngtiān méiyǒu kè.

（3）下 课 了，我 回 宿 舍 休 息。
Xià kè le, wǒ huí sùshè xiūxi.

（4）他 有 手 机，没 有 电 脑。
Tā yǒu shǒujī, méiyǒu diànnǎo.

四 生 词 New Words

1.	有	yǒu	动	there to be, to have
2.	口	kǒu	量	*a measure word for people in a family*
3.	和	hé	连	and, as well as
4.	两	liǎng	数	two

5.	结婚	jié hūn		to marry
6.	了	le	助	*used after a verb or an adjective to indicate the completion of an action or a change*
7.	没有	méiyǒu	动	not have, without
8.	孩子	háizi	名	child, children
9.	公司	gōngsī	名	company
10.	学习	xuéxí	动	to study
11.	英语	Yīngyǔ	名	English (*language*)
12.	职员	zhíyuán	名	employee, clerk
13.	银行	yínháng	名	bank
14.	爱人	àiren	名	spouse, wife or husband
15.	护士	hùshi	名	nurse
16.	汉语	Hànyǔ	名	Chinese (*language*)
17.	日语	Rìyǔ	名	Japanese (*language*)
18.	韩语	Hányǔ	名	Korean (*language*)
19.	上课	shàng kè		to go to class
20.	上网	shàng wǎng		to surf the net
	网	wǎng	名	network
21.	电脑	diànnǎo	名	computer
22.	手机	shǒujī	名	cellphone, mobile phone
23.	下课	xià kè		class is over

专名 Proper Noun

| 北京语言大学 | Běijīng Yǔyán Dàxué | Beijing Language and Culture University |

五 语法 Grammar

1. "有"字句 The "有" sentence

由"有"及其宾语作谓语的句子，叫"有"字句。这种句子表示领有。它的否定式是在"有"前加副词"没"，不能加"不"。例如：

A sentence with the predicate made up of "有" and its object is known as the "有" sentence. Such a sentence indicates possession. Its negative form is constructed by putting the adverb "没", but not "不", before "有", e.g.

> ① 我有汉语书。　　　② 他没有哥哥。
>
> ③ 他没有日语书。

2. 介词结构 Prepositional constructions

介词跟它的宾语组成介词结构，常用在动词前作状语。如"在银行工作""在教室上课"中的"在银行""在教室"都是由介词"在"和它的宾语组成的介词结构。

The prepositional construction consists of a preposition and its object. It often occurs before a verb, serving as an adverbial adjunct, e.g. "在银行" and "在教室" in "在银行工作" and "在教室上课", respectively, are both prepositional constructions composed of the preposition "在" and its object.

六 练习 Exercises

1. 选择适当的动词填空 Fill in the blanks with the appropriate verbs

听　没有　学习　看　有　叫　是

（1）_____什么名字　　　（2）_____几口人

（3）_____学生　　　（4）_____汉语

（5）————————音乐 （6）————————孩子

（7）————————电视

2. 用"几"提问，完成下列对话 Complete the following conversations by raising questions with "几"

（1）A：————————————————？

B：明天星期四。

A：————————————————？

B：明天是六月一号。

（2）A：————————————————？

B：王老师家有四口人。

A：他有孩子吗？

B：————————————————。

A：————————————————？

B：他有一个孩子。

3. 看图说句子 Make sentences according to the pictures

（1）他们家　　有 （2）在　　酒吧

4. 谈一谈 Say what you can

（1）同学们互相介绍自己的家庭。

Students talk about each other's families.

（2）介绍一下儿自己在哪儿学习、学习什么。

Say something about where and what you study.

5. 听后复述 Listen and retell

小明五岁。他有一个哥哥，哥哥是学生。他爸爸妈妈都工作。小明说（shuō, to say），他家有五口人。那一个是谁？是他的猫（māo, cat）。

6. 语音练习 Phonetic drills

（1）**读下列词语：第一声 + 第四声** Read the following words: 1st tone + 4th tone

dōu qù	（都去）	gāoxìng	（高兴）
shāngdiàn	（商店）	shēng qì	（生气）
yīnyuè	（音乐）	shēngdiào	（声调）
chī fàn	（吃饭）	bāngzhù	（帮助）
gōngzuò	（工作）	xūyào	（需要）

（2）**第三声变调** Changes of 3rd tone

08　现在几点

WHAT TIME IS IT NOW

一　**句 子** Sentences

037　现在几点？ What time is it now?
　　　Xiànzài jǐ diǎn?

038　现在七点二十五分。 It's twenty-five past seven now.
　　　Xiànzài qī diǎn èrshíwǔ fēn.

039　你几点上课？ At what time does your class begin?
　　　Nǐ jǐ diǎn shàng kè?

040　差一刻八点去。 I'll go at a quarter to eight.
　　　Chà yí kè bā diǎn qù.

041　我去吃饭。 I'm going to have my lunch.
　　　Wǒ qù chī fàn.

042　我们什么时候去？ When will we go?
　　　Wǒmen shénme shíhou qù?

043　太早了。 It is still early. / It is too early.
　　　Tài zǎo le.

044　我也六点半起床。 I also get up at half past six.
　　　Wǒ yě liù diǎn bàn qǐ chuáng.

二 会 话 Conversations

1

玛丽： 王 兰，现在几点？
Mǎlì： Wáng Lán，xiànzài jǐ diǎn?

王兰： 现在七点二十五分。
Wáng Lán： Xiànzài qī diǎn èrshíwǔ fēn.

玛丽： 你几点上课？
Mǎlì： Nǐ jǐ diǎn shàng kè?

王兰： 八点。
Wáng Lán： Bā diǎn.

玛丽： 你什么时候去教室？
Mǎlì： Nǐ shénme shíhou qù jiàoshì?

王兰： 差一刻八点去。
Wáng Lán： Chà yí kè bā diǎn qù.

玛丽： 现在你去教室吗？
Mǎlì： Xiànzài nǐ qù jiàoshì ma?

王兰： 不去，我去吃饭。
Wáng Lán： Bú qù， wǒ qù chī fàn.

2

刘京： 明天去长城，好吗？
Liú Jīng： Míngtiān qù Chángchéng，hǎo ma?

大卫： 好，什么时候去？
Dàwèi： Hǎo，shénme shíhou qù?

刘京：早 上 七 点。
Liú Jīng:　Zǎoshang qī diǎn.

大卫：太 早 了，七 点 半 吧。你 几 点 起 床？
Dàwèi:　Tài zǎo le,　qī diǎn bàn ba.　Nǐ jǐ diǎn qǐ chuáng?

刘京：六 点 半，你 呢？
Liú Jīng:　Liù diǎn bàn,　nǐ ne?

大卫：我 也 六 点 半 起 床。
Dàwèi:　Wǒ yě liù diǎn bàn qǐ chuáng.

 替换与扩展 **Substitution and Extension**

1. 替换 Substitution

（1）A：现在几点？		10:15	3:45	11:35	12:10
B：现在 <u>7:25</u>。		2:30	8:15	2:55	5:20

（2）A：你什么时候	回家	2:00
<u>去教室</u>？	去食堂	11:55
B：<u>差一刻八点</u>。	来上海	7月28号
	去日本	1月25号

（3）我去<u>吃饭</u>。　▶◀

| 买花儿 | 听音乐 | 打网球 |
| 看电影 | 买水 | 睡觉 |

2. 扩展 Extension

（1）现 在 两 点 零 五 分， 我 去 大 卫 宿 舍 看 他。
Xiànzài liǎng diǎn líng wǔ fēn, wǒ qù Dàwèi sùshè kàn tā.

（2）早 上 七 点 一 刻 吃 早饭，中 午 十二 点 吃
Zǎoshang qī diǎn yí kè chī zǎofàn, zhōngwǔ shí'èr diǎn chī

午饭， 晚 上 六 点 半 吃 晚饭。
wǔfàn, wǎnshang liù diǎn bàn chī wǎnfàn.

四　生 词 New Words

1.	现在	xiànzài	名	now, nowadays
2.	点	diǎn	量	o'clock, hour
3.	分	fēn	量	minute
4.	差	chà	动	to lack, to be short of
5.	刻	kè	量	quarter
6.	吃	chī	动	to eat
7.	饭	fàn	名	meal, (cooked) rice
8.	时候	shíhou	名	time
9.	半	bàn	数	half

10.	起	qǐ	动	to get up
11.	床	chuáng	名	bed
12.	早上	zǎoshang	名	morning
13.	吧	ba	助	*used at the end of a sentence, implying soliciting sb.'s advice, suggestion, request or mild command*
14.	食堂	shítáng	名	dining-room
15.	花（儿）	huā (r)	名	flower
16.	打	dǎ	动	to play
17.	网球	wǎngqiú	名	tennis
18.	水	shuǐ	名	water
19.	睡觉	shuì jiào		to go to sleep
20.	早饭	zǎofàn	名	breakfast
21.	午饭	wǔfàn	名	lunch
22.	晚饭	wǎnfàn	名	dinner

专名 Proper Noun

长城	Chángchéng	the Great Wall

五 语法 Grammar

1. 钟点的读法 How to tell time

2:00	两 点 liǎng diǎn		
6:05	六 点 零 五 分 liù diǎn líng wǔ fēn		
8:15	八 点 十 五 分 bā diǎn shíwǔ fēn	八 点 一 刻 bā diǎn yí kè	
10:30	十 点 三 十 分 shí diǎn sānshí fēn	十 点 半 shí diǎn bàn	
11:45	十 一 点 四 十 五 分 shíyī diǎn sìshíwǔ fēn	十 一 点 三 刻 shíyī diǎn sān kè	差 一 刻 十 二 点 chà yí kè shí'èr diǎn
1:50	一 点 五 十 分 yī diǎn wǔshí fēn	差 十 分 两 点 chà shí fēn liǎng diǎn	

2. 时间词 Time words

（1）表示时间的名词或数量词可作主语、谓语、定语。例如：

Nouns or quantifiers indicating time may be used as subjects, predicates and attributives, e.g.

> ① 现在八点。（主语） 　② 今天五号。（谓语）
>
> ③ 他看八点二十的电影。（定语）
>
> ④ 晚上的电视很好。（定语）

（2）时间词作状语时，可放在主语之后、谓语之前，也可放在主语之前。例如：

When used as an adverbial adjunct, a time word may be put between the subject and the predicate, or before the subject, e.g.

⑤ 我晚上看电视。　　　　　⑥ 晚上我看电视。

（3）作状语的时间词有两个以上时，表示时间长的词在前。例如：

When more than two time words are used as adverbial adjuncts, the word showing a longer period of time comes first, e.g.

⑦ 今天晚上八点二十分我看电影。

（4）时间词与处所词同时作状语时，一般来说时间词在前，处所词在时间词之后。例如：

When a time word and a place word are both used as adverbial adjuncts in the same sentence, normally the time word is put before the place word, e.g.

⑧ 她现在在银行工作。

六 练 习 Exercises

1. 用汉语说出下列时间并选择五个造句 Read the following points of time in Chinese and make sentences with five of them

| 10:00 | 6:30 | 4:35 | 8:05 | 7:15 |
| 9:25 | 11:45 | 2:55 | 3:20 | 12:10 |

2. 完成对话 Complete the following conversations

（1）A：你们几点上课？

　　B：＿＿＿＿＿＿＿＿＿＿＿＿＿＿＿＿。

　　A：你几点去教室？

B：_____。现在几点？

A：_____。

（2）A：_____？

B：十二点半吃午饭。

A：_____？

B：我十二点十分去食堂。

3. 按照实际情况回答问题 Answer the following questions according to the actual situations

（1）你几点起床？你吃早饭吗？几点吃早饭？

（2）你几点上课？几点下课？几点吃饭？

（3）你几点吃晚饭？几点睡觉？

（4）星期六你几点起床？几点睡觉？

4. 说说你的一天 Talk about a day in your life

5. 听后复述 Listen and retell

今天星期六，我们不上课。小王说，晚上有一个好电影，他和我一起（yìqǐ, together）去看，我很高兴。

下午六点我去食堂吃饭，六点半去小王的宿舍，七点我们去看电影。

6. 语音练习 Phonetic drills

（1）读下列词语：第一声＋轻声　Read the following words:1st tone + neutral tone

yīfu	（衣服）	xiūxi	（休息）
dōngxi	（东西）	zhīshi	（知识）
chuānghu	（窗户）	tāmen	（他们）
dāozi	（刀子）	bōli	（玻璃）
māma	（妈妈）	zhuōzi	（桌子）

（2）常用音节练习　Drills on the frequently used syllables

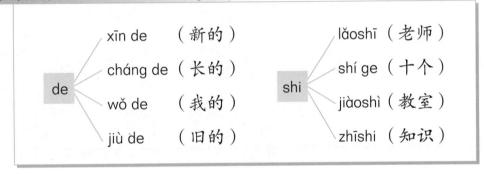

de
- xīn de　（新的）
- cháng de　（长的）
- wǒ de　（我的）
- jiù de　（旧的）

shi
- lǎoshī　（老师）
- shí ge　（十个）
- jiàoshì　（教室）
- zhīshi　（知识）

09 你住在哪儿

WHERE DO YOU LIVE

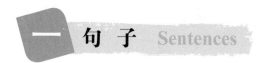

一 句 子 Sentences

045 | 你 住 在 哪 儿？ Where do you live?
Nǐ zhù zài nǎr?

046 | 我 住 在 留 学 生 宿 舍 。
Wǒ zhù zài liúxuéshēng sùshè.
I live in the dormitory for foreign students.

047 | 多 少 号 房 间？① ② What's the number of your room?
Duōshao hào fángjiān?

048 | 你 家 在 哪 儿？ Where is your home?
Nǐ jiā zài nǎr?

049 | 欢 迎 你 去 玩 儿 。 You are welcome to my home.
Huānyíng nǐ qù wánr.

050 | 她 常 去 。 She often goes there.
Tā cháng qù.

051 | 我 们 一 起 去 吧 。 Let's go there together.
Wǒmen yìqǐ qù ba.

052 | 那 太 好 了！③ That's great!
Nà tài hǎo le!

二 会话 Conversations

1

刘京： 你 住 在 哪儿？
Liú Jīng: Nǐ zhù zài nǎr?

大卫： 我 住 在 留学生 宿舍。
Dàwèi: Wǒ zhù zài liúxuéshēng sùshè.

刘京： 几 号 楼？ ①
Liú Jīng: Jǐ hào lóu?

大卫： 九 号 楼。
Dàwèi: Jiǔ hào lóu.

刘京： 多 少 号 房 间？
Liú Jīng: Duōshao hào fángjiān?

大卫： 3 0 8 房 间。② 你 家 在 哪 儿？
Dàwèi: Sān líng bā fángjiān. Nǐ jiā zài nǎr?

刘京： 我 家 在 学 院 路 2 5 号，欢 迎 你 去 玩儿。
Liú Jīng: Wǒ jiā zài Xuéyuàn Lù èrshíwǔ hào, huānyíng nǐ qù wánr.

大卫： 谢 谢！
Dàwèi: Xièxie!

2

大卫： 张 丽 英 家 在 哪 儿？
Dàwèi: Zhāng Lìyīng jiā zài nǎr?

玛丽： 我 不 知 道。王 兰 知 道。她 常 去。
Mǎlì: Wǒ bù zhīdao. Wáng Lán zhīdao. Tā cháng qù.

大卫： 好，我 去 问 她。
Dàwèi: Hǎo, wǒ qù wèn tā.

3

大卫： 王 兰，张 丽 英 家 在 哪儿？
Dàwèi: Wáng Lán, Zhāng Lìyīng jiā zài nǎr?

王兰： 清 华 大 学 旁边。你 去 她 家 吗？
Wáng Lán: Qīnghuá Dàxué pángbiān. Nǐ qù tā jiā ma?

大卫： 对，明 天 我 去 她 家。
Dàwèi: Duì, míngtiān wǒ qù tā jiā.

王兰： 你 不 认 识 路，
Wáng Lán: Nǐ bú rènshi lù,

我 们 一 起 去 吧。
wǒmen yìqǐ qù ba.

大卫： 那 太 好 了！
Dàwèi: Nà tài hǎo le!

注释　Notes

① 多少号房间？ What's the number of your room?
几号楼？ What's the building number?

这两句中的"几"和"多少"都是用来询问数目的。估计数目在 10 以下，一般用"几"，10 以上用"多少"。

"几" and "多少" in the two sentences are interrogatives of number. When the estimated number is smaller than 10, "几" is usually used; when the estimated number exceeds 10, "多少" is used.

② 多少号房间？ What's the number of your room?
308房间。 Room 308.

"号"用在数字后面表示顺序，一般不省略。例如：
"号" is used after the number to indicate orders, and usually cannot be omitted, e.g.

9 号楼　　　　23 号房间

如果数字是三位或三位以上，一般省略"号"，而且按字面读数字。例如：

If the number has more than three digits, "号" is usually omitted, and the number is read literally, e.g.

303 医院　　　　　　　2032 房间

❸ 那太好了！ That's great!

这里的"那"，意思是"那样的话"。"太好了"是表示满意、赞叹的用语。"太"在这里表示程度极高。

"那" here means "if so". "太好了" is an expression showing satisfaction, appreciation and so on. Here "太" greatly intensifies the meaning of the word that follows it.

三　替换与扩展　Substitution and Extension

1. 替换 Substitution

（1）A：你住在哪儿？
　　B：我住在<u>留学生宿舍</u>。

9号楼308房间
5号楼204房间
上海　　　北京饭店

（2）欢迎你<u>去玩儿</u>。

来我家玩儿	来北京工作
来语言大学学习	

（3）她常去<u>张丽英家</u>。

那个公园	那个邮局
留学生宿舍	我们学校

2. 扩展 Extension

A：你 去 哪儿？
　　Nǐ qù nǎr?

B：我 去 找 王 老师。他 住 在 学院 路15 号，
　　Wǒ qù zhǎo Wáng lǎoshī. Tā zhù zài Xuéyuàn Lù shíwǔ hào,

　　6 号 楼 2 层。
　　liù hào lóu èr céng.

四　生 词　New Words

1.	住	zhù	动	to live
2.	多少	duōshao	代	how many, how much
3.	号	hào	量	*indicating the order of sequence*
4.	房间	fángjiān	名	room
5.	欢迎	huānyíng	动	to welcome
6.	玩儿	wánr	动	to enjoy oneself, to play
7.	常（常）	cháng (cháng)	副	often, usually
8.	一起	yìqǐ	副	together
9.	楼	lóu	名	building
10.	路	lù	名	road
11.	知道	zhīdao	动	to know
12.	问	wèn	动	to ask
13.	旁边	pángbiān	名	beside
14.	对	duì	形/介/动	right; opposite; to face

15.	公园	gōngyuán	名	park
16.	邮局	yóujú	名	post office
17.	学校	xuéxiào	名	school
18.	找	zhǎo	动	to look for
19.	层	céng	量	floor

专名 Proper Nouns

1.	学院路	Xuéyuàn Lù	Xueyuan Road
2.	清华大学	Qīnghuá Dàxué	Tsinghua University
3.	上海	Shànghǎi	Shanghai
4.	北京饭店	Běijīng Fàndiàn	Beijing Hotel
5.	北京	Běijīng	Beijing

五 语 法 Grammar

1. 连动句 The sentence with verbal constructions in series

在动词谓语句中，几个动词或动词短语连用，且有同一主语，这样的句子叫连动句。例如：

If a sentence with a verbal predicate is composed of several verbs or verbal phrases which share the same subject, it is known as the sentence with verbal constructions in series, e.g.

① 下午我去他家看他。　② 王林常去看电影。

③ 星期天大卫来我家玩儿。　④ 我去他宿舍看他。

2. 状语　Adverbial adjunct

动词、形容词前面的修饰成分叫状语。副词、形容词、时间词、介词结构等都可作状语。例如：

The modifying elements before verbs and adjectives are known as adverbial adjunct. Adverbs, adjectives, time words and prepositional constructions can all be used as adverbial adjuncts, e.g.

> ① 她常去我家玩儿。　② 你们快来。
>
> ③ 我们上午去。　④ 他姐姐在银行工作。

六 练 习　Exercises

1. 熟读下列词语并选择几个造句　Read up on the following expressions and make sentences with some of them

一起 { 玩儿 看 吃 来 }　常 { 看 听 问 }　在 { 家 大学 教室 银行 }　问 { 老师 大夫 谁 }　买 { 书 饭 东西 }

2. 按照实际情况回答问题　Answer the following questions according to the actual situations

（1）你家在哪儿？你的宿舍在哪儿？

（2）你住在几号楼？多少号房间？

（3）星期天你常去哪儿？晚上你常做什么？

3. 用下列词语造句　Make sentences with each pair of words given below

例 Example　家　在 ➡ 王老师的家在北京大学。

（1）商店　　在 ➡ _____

（2）谁　　认识 ➡ _____

（3）一起　　听 ➡ _____

4. 谈一谈　Say what you can

介绍一下儿你的一个朋友。
Say something about one of your friends.

提示：他/她住在哪儿，在哪儿学习或工作，等等。
Suggested points: Where does he/she live? Where does he/she study or work?

5. 语音练习　Phonetic drills

（1）读下列词语：第二声＋第一声　　Read the following words: 2nd tone + 1st tone

míngtiān	（明天）	zuótiān	（昨天）
jié hūn	（结婚）	fángjiān	（房间）
máoyī	（毛衣）	pángbiān	（旁边）
qiántiān	（前天）	shíjiān	（时间）
hóng huār	（红花儿）	huí jiā	（回家）

（2）常用音节练习　　Drills on the frequently used syllables

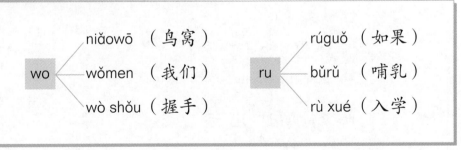

wo — niǎowō （鸟窝）
wo — wǒmen （我们）
wo — wò shǒu （握手）

ru — rúguǒ （如果）
ru — bǔrǔ （哺乳）
ru — rù xué （入学）

10 邮局在哪儿

WHERE IS THE POST OFFICE

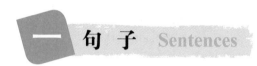

一 **句 子** Sentences

053
八号楼在邮局旁边。
Bā hào lóu zài yóujú pángbiān.
Building No. 8 stands next to the post office.

054
去八号楼怎么走？
Qù bā hào lóu zěnme zǒu?
Which way leads to Building No. 8?

055
那个楼就是八号楼。 That's Building No. 8.
Nàge lóu jiù shì bā hào lóu.

056
请问，邮局在哪儿？①
Qǐngwèn, yóujú zài nǎr?
Excuse me, but could you please tell me where the post office is?

057
往 前走就是邮局。
Wǎng qián zǒu jiù shì yóujú.
The post office is just down the road.

058
邮局离这儿远不远？
Yóujú lí zhèr yuǎn bu yuǎn?
Is the post office far from here?

059　百货大楼在什么地方？
Bǎihuò Dàlóu zài shénme dìfang?
Where is the Department Store?

060　在哪儿坐车？　Where is the bus stop?
Zài nǎr zuò chē?

二　会　话　Conversations

1

A：请问，八号楼在哪儿？
　　Qǐngwèn，bā hào lóu zài nǎr?

刘京：在邮局旁边。
Liú Jīng: Zài yóujú pángbiān.

A：去八号楼怎么走？
　　Qù bā hào lóu zěnme zǒu?

刘京：你看，那个楼就是②。
Liú Jīng: Nǐ kàn， nàge lóu jiù shì.

2

和子：请问，邮局在哪儿？
Hézǐ: Qǐngwèn，yóujú zài nǎr?

B：往　前走就是邮局。
　　Wǎng qián zǒu jiù shì yóujú.

和子：离这儿远不远？
Hézǐ: Lí zhèr yuǎn bu yuǎn?

B：不太远。就在银行前边。②
　　Bú tài yuǎn. Jiù zài yínháng qiánbian.

3

玛丽：请问，百货大楼在什么地方？
Mǎlì：Qǐngwèn, Bǎihuò Dàlóu zài shénme dìfang?

C：在王府井。
Zài Wángfǔjǐng.

玛丽：离天安门远不远？
Mǎlì：Lí Tiān'ānmén yuǎn bu yuǎn?

C：不远。您怎么去？
Bù yuǎn. Nín zěnme qù?

玛丽：坐公交车。请问
Mǎlì：Zuò gōngjiāochē. Qǐngwèn

在哪儿坐车？
zài nǎr zuò chē?

C：就在那儿。②
Jiù zài nàr.

玛丽：谢谢！
Mǎlì：Xièxie!

注释　Notes

❶ 请问，邮局在哪儿？
Excuse me, but could you please tell me where the post office is?

　　"请问"是向别人提问时的客套语。一定要用在提出问题之前。
　　"请问" (Could you please tell me...) is a polite expression for making an inquiry of somebody about something. It is used before the actual question.

❷ 那个楼就是。It's the building right over there.
就在银行前边。Right in front of the bank.
就在那儿。Right over there.

　　这三句中的副词"就"都是用来加强肯定语气的。
　　The adverb "就" in the sentences is used to heighten the positive tone.

替换与扩展 Substitution and Extension

1. 替换 Substitution

（1）A：八号楼在哪儿？ 　　B：在邮局旁边。	留学生食堂西边
	那个楼南边
	他的宿舍楼北边
	操场东边

（2）邮局离这儿远不远？	他家	北京语言大学
	北京饭店	这儿
	食堂	宿舍

（3）在哪儿坐车？	学习汉语	工作
	吃饭	休息
	买电脑	

2. 扩展 Extension

　　他爸爸在商店 工作。那个 商店 离他家
　　Tā bàba zài shāngdiàn gōngzuò. Nàge shāngdiàn lí tā jiā
很 近。他爸爸早上七点半去工作，下午五
hěn jìn. Tā bàba zǎoshang qī diǎn bàn qù gōngzuò, xiàwǔ wǔ
点 半 回 家。
diǎn bàn huí jiā.

四 生 词 New Words

1.	怎么	zěnme	代	how
2.	走	zǒu	动	to go, to walk
3.	就	jiù	副	right
4.	请问	qǐngwèn	动	please (tell me...), could you tell me...
5.	往	wǎng	介 / 动	to, towards; to go
6.	前	qián	名	front, before
7.	离	lí	动	to be away from (a place)
8.	这儿	zhèr	代	here
9.	远	yuǎn	形	far
10.	地方	dìfang	名	place, region
11.	坐	zuò	动	to sit, to take a seat
12.	车	chē	名	bus, car, bicycle, train, etc.
13.	前边	qiánbian	名	front
14.	公交车	gōngjiāochē	名	bus
15.	那儿	nàr	代	there, over there
16.	西边	xībian	名	west side
17.	南边	nánbian	名	south side
18.	北边	běibian	名	north side
19.	操场	cāochǎng	名	sports ground
20.	东边	dōngbian	名	east side

21.	近	jìn	形	near

专名　Proper Nouns

1.	百货大楼	Bǎihuò Dàlóu	the Department Store
2.	王府井	Wángfǔjǐng	Wangfujing Street
3.	天安门	Tiān'ānmén	Tian'anmen

五　语 法　Grammar

1. 方位词　Words of location

"旁边""前边"等都是方位词。方位词是名词的一种，可以作主语、宾语、定语等句子成分。方位词作定语时，一般要用"的"与中心语连接。例如：东边的房间、前边的商店。

"旁边" and "前边" are words of location, which make up a subclass of nouns. They may serve as such sentence elements as subjects, objects and attributives. When used as attributives, they are normally linked with the headword with "的", e.g. "东边的房间" (the room in the east side), "前边的商店" (the shop in front).

2. 正反疑问句　The affirmative-negative question

将谓语中的动词或形容词的肯定式和否定式并列，就构成了正反疑问句。例如：

An affirmative-negative question is formed by juxtaposing the verb or adjective of the predicate and its negative form, e.g.

① 你今天来不来？　② 这个电影好不好？

③ 这是不是你们的教室？　④ 王府井离这儿远不远？

六 练 习 Exercises

1. 选词填空 Fill in the blanks with the appropriate words

去　　在　　离　　回　　买　　往

（1）八号楼 _____ 九号楼不太远。

（2）食堂 _____ 宿舍旁边。

（3）邮局很近， _____ 前走就是。

（4）今天晚上我不学习， _____ 家看电视。

（5）我们 _____ 宿舍休息一下儿吧。

（6）这本（běn, *a measure word*）书很好，你 _____ 不 _____ ？

2. 判断正误 Judge whether the following statements are correct or not

（1）我哥哥在学校工作。　　　　　　　　　（　　）

　　　我哥哥工作在学校。　　　　　　　　　（　　）

（2）操场宿舍很近。　　　　　　　　　　　（　　）

　　　操场离宿舍很近。　　　　　　　　　　（　　）

（3）我在食堂吃早饭。　　　　　　　　　　（　　）

　　　我吃早饭在食堂。　　　　　　　　　　（　　）

（4）他去银行早上八点半。　　　　　　　　（　　）

　　　他早上八点半去银行。　　　　　　　　（　　）

3. 看图说句子 Make sentences according to the pictures

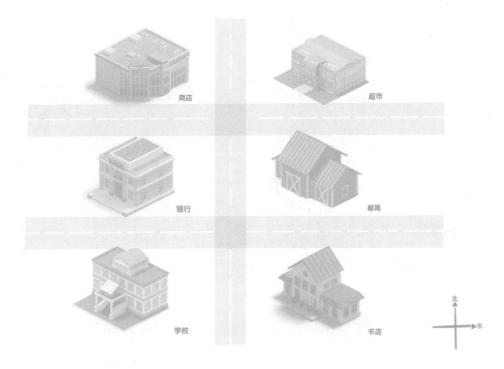

4. 听后复述 Listen and retell

咖啡馆（kāfēiguǎn, café）离宿舍不远，我常去那儿买咖啡（kāfēi, coffee）、看书。书店在银行旁边。那个书店很大，书很多，我常去那儿买书。

5. 语音练习 Phonetic drills

（1）读下列词语：第二声 + 第二声 Read the following words: 2nd tone + 2nd tone

liú xué	（留学）	yínháng	（银行）
zhíyuán	（职员）	xuéxí	（学习）
shítáng	（食堂）	huídá	（回答）
tóngxué	（同学）	rénmín	（人民）
wénmíng	（文明）	értóng	（儿童）

(2) 常用音节练习 Drills on the frequently used syllables

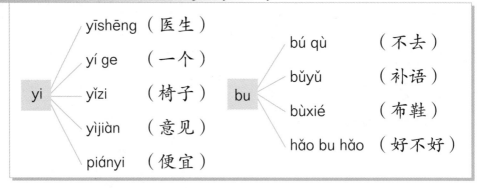

yi
- yīshēng （医生）
- yí ge （一个）
- yǐzi （椅子）
- yìjiàn （意见）
- piányi （便宜）

bu
- bú qù （不去）
- bǔyǔ （补语）
- bùxié （布鞋）
- hǎo bu hǎo （好不好）

(3) 朗读会话 Read aloud the conversation

A: Qǐngwèn, Běijīng Dàxué zài nǎr?

B: Zài Qīnghuá Dàxué xībian.

A: Qīnghuá Dàxué dōngbian shì Yǔyán Dàxué ma?

B: Duì. Zhèr yǒu hěn duō dàxué. Yǔyán Dàxué nánbian hái yǒu hǎojǐ（several）ge dàxué.

A: Cóng zhèr wǎng běi zǒu, dàxué bù duō le, shì bu shì?

B: Shì de.

复习（二）

REVIEW (Ⅱ)

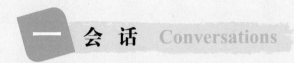

一　会 话　Conversations

1

王：小卫（Xiǎo Wèi, Little Wei），我们什么时候去小李家？

卫：星期天，好吗？

王：好。他家在上海饭店（Shànghǎi Fàndiàn, Shanghai Hotel）旁边吧？

卫：他搬家（bān jiā, to move）了，现在在中华路（Zhōnghuá Lù, Zhonghua Road）38号。你认识那个地方吗？

王：不认识，问一下儿小马吧。

2

卫：小马，中华路在什么地方？你知道吗？

马：中华路离我奶奶（nǎinai, grandma）家很近。你们去那儿做什么？

王：看一个朋友。那儿离这儿远吗？

马：不太远。星期天我去奶奶家，你们和我一起去吧。

3

王：小马，你奶奶不和你们住在一起吗？

马：不住在一起。奶奶一个人住，我和爸爸妈妈常去看她。

卫：你奶奶身体好吗？

马：身体很好。她今年六十七岁了。前边就是我奶奶家，你们去坐
一会儿（yíhuìr, in a moment）吧！

王：十点了，我们不去了。

马：再见！

卫、王：再见！

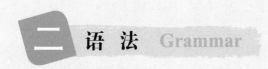语 法 Grammar

句子的主要成分 The main elements of a sentence

1. 主语和谓语 The subject and the predicate

句子一般可分为主语和谓语两大部分。主语一般在谓语之前。例如：

A sentence is normally divided into two parts, the subject and the predicate. Generally, the subject precedes the predicate, e.g.

> ① 你好！　　　　　② 我去商店。

如果语言环境清楚，主语或谓语可省略。例如：

If the language context is clear, the subject or predicate can be omitted, e.g.

> ③ A：你好吗？　　　④ A：谁是学生？
>
> 　B：（我）很好。　　　B：他（是学生）。

2. 宾语 The object

宾语是动词的连带成分，一般在动词后边。例如：

The object is an element related to a verb and usually follows the verb, e.g.

> ① 我认识他。　② 他有一个哥哥。
>
> ③ 他是学生。

3. 定语 The attributive

定语一般都修饰名词。定语和中心语之间有时用结构助词"的"，例如：王兰的朋友；有时不用，例如：我姐姐、好朋友（见第 5 课语法 2）。

An attributive usually modifies a noun. Sometimes, the structural particle "的" is needed between the attributive and the headword, e.g. "王兰的朋友"; at other times, however, it is not required, e.g. "我姐姐" "好朋友" (see Grammar, Sec. 2 of Lesson 5).

4. 状语 The adverbial adjunct

状语是用来修饰动词和形容词的。一般要放在中心语的前边。例如：

An adverbial adjunct is used to modify a verb or an adjective. It usually precedes the part which is being modified, e.g.

> ① 我很好。　② 他们都来。
>
> ③ 他在家看电视。

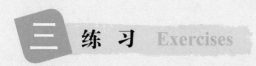

三 练 习 Exercises

1. 回答问题 Answer the following questions

（1）一年有几个月？一个月有几个星期？一个星期有几天（tiān, day）？

（2）今天几月几号？明天星期几？星期天是几月几号？

（3）你家有几口人？他们是谁？你妈妈工作不工作？你住在哪儿？
  你家离学校远不远？

2. **用下面的句子练习会话** Make conversations with the sentences given below

（1）问候　Greet each other

你好！	你早！	你……身体好吗？
你好吗？	早上好！	他好吗？
你身体好吗？	你工作忙不忙？	

（2）相识、介绍　Get to know each other

您贵姓？	他姓什么？	我介绍一下儿。
你叫什么名字？	他是谁？	我叫……。
你是——		我是……。
		这是……。
		认识你很高兴。

（3）询问　Make an inquiry

A. 问时间　About time

……几月几号星期几？

……几点？

你的生日……？

你几点……？

你什么时候……？

B. 问路　About the way

……去哪儿？

去……怎么走？

……离这儿远吗？

C. 问住址　About an address

你家在哪儿？

你住在哪儿？

你住在多少号房间？

D. 问家庭　About family

你家有几口人？

你家有什么人？

你家有谁？

你有……吗？

你……做什么工作？

3. 语音练习　Phonetic drills

（1）声调练习：第二声+第二声　Drills on tones: 2nd tone + 2nd tone

tóngxué　（同学）

nán tóngxué　（男同学）

nán tóngxué lái　（男同学来）

nán tóngxué lái wánr　（男同学来玩儿）

（2）朗读会话　Read aloud the conversation

A: Yóujú lí zhèr yuǎn ma?

B: Bú tài yuǎn, jiù zài nàr.

A: Nàge yóujú dà bu dà?

B: Hěn dà. Nǐ jì dōngxi ma?

A: Duì, hái mǎi míngxìnpiàn (postcard).

四 阅读短文 Reading Passage

张丽英家有四口人：爸爸、妈妈、姐姐和她。

她爸爸是大夫，五十七岁了，身体很好。他工作很忙，星期天常常不休息。

她妈妈是银行职员，今年五十五岁。

她姐姐是老师，今年二月结婚了。她姐姐不住在爸爸妈妈家。

昨天是星期五，下午没有课。我们去她家了。她家在北京饭店旁边。我们到（dào, to arrive）她家的时候，她爸爸妈妈不在家。我们和她一起聊天儿（liáo tiānr, to chat）、听音乐、看电视……

五点半张丽英的爸爸妈妈回家了。她姐姐也来了。我们在她家吃晚饭。晚上八点半我们就回学校了。

11 我要买橘子

I WANT TO BUY SOME ORANGES

一 句子 Sentences

061 | 您买什么？ What would you like?
Nín mǎi shénme?

062 | 苹果多少钱一斤？① How much is a *jin* of apples?
Píngguǒ duōshao qián yì jīn?

063 | 七块五（毛）②一斤。 Seven *yuan* and fifty *fen* a *jin*.
Qī kuài wǔ (máo) yì jīn.

064 | 您要多少？ How much would you like?
Nín yào duōshao?

065 | 您还要别的吗？ What else do you want?
Nín hái yào bié de ma?

066 | 不要了。 Nothing else.
Bú yào le.

067 | 我要买橘子。 I want to buy some oranges.
Wǒ yào mǎi júzi.

068 | 您尝尝。 Please have a taste.
Nín chángchang.

二 会 话 Conversations

1

售货员： 您 要 什 么？
Shòuhuòyuán: Nín yào shénme?

大卫： 我 要 苹 果。多 少 钱 一 斤？
Dàwèi: Wǒ yào píngguǒ. Duōshao qián yì jīn?

售货员： 七 块 五（毛）。
Shòuhuòyuán: Qī kuài wǔ (máo).

大卫： 那 种 呢？
Dàwèi: Nà zhǒng ne?

售货员： 九 块 六。
Shòuhuòyuán: Jiǔ kuài liù.

大卫： 要 这 种 吧。
Dàwèi: Yào zhè zhǒng ba.

售货员： 要 多 少？
Shòuhuòyuán: Yào duōshao?

大卫： 两 斤。
Dàwèi: Liǎng jīn.

售货员： 还 要 别 的 吗？
Shòuhuòyuán: Hái yào bié de ma?

大卫： 不 要 了。
Dàwèi: Bú yào le.

售货员： 您 怎 么 付？
Shòuhuòyuán: Nín zěnme fù?

大卫： 微 信 吧。
Dàwèi: Wēixìn ba.

2

售货员：您 要 买 什 么？
Shòuhuòyuán: Nín yào mǎi shénme?

玛丽：我 要 买 橘 子。 一 斤 多 少 钱？①
Mǎlì: Wǒ yào mǎi júzi. Yì jīn duōshao qián?

售货员：九 块 八。
Shòuhuòyuán: Jiǔ kuài bā.

玛丽：太 贵 了。
Mǎlì: Tài guì le.

售货员：那 种 便 宜。
Shòuhuòyuán: Nà zhǒng piányi.

玛丽：那 种 好 不 好？
Mǎlì: Nà zhǒng hǎo bu hǎo?

售货员：您 尝 尝。
Shòuhuòyuán: Nín chángchang.

玛丽：好， 我 要 五 个。
Mǎlì: Hǎo, wǒ yào wǔ ge.

售货员：这 是 一 斤 半， 十 一 块 四 。 还 买 别
Shòuhuòyuán: Zhè shì yì jīn bàn, shíyī kuài sì. Hái mǎi bié

的 吗？
de ma?

玛丽：不 要 了。
Mǎlì: Bú yào le.

注释　Notes

❶ 苹果多少钱一斤？ How much is a *jin* of apples?

（橘子）一斤多少钱？ How much is a *jin* (of oranges)?

这两句的意思相同，都是询问一斤的价钱。只是前句侧重"多少钱"能买一斤，后句侧重"一斤"需要多少钱。

Both sentences make an inquiry about the price of a *jin* and are thus the same in meaning. However, the first lays stress on "多少钱" (i.e., the cost), while the second gives emphasis to "一斤" (i.e., the weight).

❷ 七块五（毛）。Seven *yuan* and fifty *fen*.

人民币的计算单位是"元、角、分"，口语里常用"块、毛、分"，都是十进位。处于最后一位的"毛"或"分"可以省略不说。例如：

"元""角" and "分" are the monetary units of Renminbi (the Chinese currency), which adopts the decimal system. In colloquial Chinese, however, the use of "块""毛""分" is more preferable. "毛" and "分" may be omitted when they are at the end, e.g.

1.30元 → 一块三　　2.85元 → 两块八毛五

三　替换与扩展　Substitution and Extension

1. 替换 Substitution

（1）A：您买什么？

　　　B：我买苹果。

看	汉语书
喝	（可口）可乐
听	录音
学习	汉语

（2）您<u>尝尝</u>。　　　≫◀≪　　　| 看 | 听 | 问 |

（3）我要<u>买橘子</u>。　　　≫◀≪　　　| 看电视 | 吃苹果 | 喝水 |
| 上网 | 发电子邮件 | |

2. 扩展 Extension

（1）我　常　去　百　货　大　楼　买　东　西。那　儿　的
　　　Wǒ cháng qù Bǎihuò Dàlóu mǎi dōngxi. Nàr de

　　东　西　很　多，也　很　便　宜。
　　dōngxi hěn duō, yě hěn piányi.

（2）A：你　要　喝　什　么？
　　　　Nǐ yào hē shénme?

　　B：有　可　乐　吗？
　　　　Yǒu kělè ma?

　　A：有。
　　　　Yǒu.

　　B：要　两　瓶　吧。
　　　　Yào liǎng píng ba.

四　生 词　New Words

1.	苹果	píngguǒ	名	apple
2.	钱	qián	名	money, currency
3.	斤	jīn	量	*jin* (*unit of weight*)

4.	块（元）	kuài (yuán)	量	*kuai* (unit of currency)
5.	毛（角）	máo (jiǎo)	量	*mao* (unit of currency)
6.	要	yào	动/能愿	to want; would like
7.	还	hái	副	still
8.	别的	bié de		anything else, other
9.	橘子	júzi	名	orange
10.	尝	cháng	动	to taste
11.	售货员	shòuhuòyuán	名	shop assistant
12.	种	zhǒng	量	kind, sort
13.	付	fù	动	to pay for
14.	贵	guì	形	expensive
15.	便宜	piányi	形	inexpensive, cheap
16.	喝	hē	动	to drink
17.	录音	lùyīn	名	recording
18.	发	fā	动	to send
19.	电子邮件	diànzǐ yóujiàn		E-mail
20.	多	duō	形	much, many
21.	瓶	píng	名	bottle

专名 Proper Noun

（可口）可乐	(Kěkǒu-) kělè	(Coca-) Cola

五 语 法 Grammar

1. 语气助词"了"（1） The modal particle "了"（1）

语气助词"了"有时表示情况有了变化。例如：

The modal particle "了" sometimes denotes that the situation has changed, e.g.

> ① 这个月我不忙了。（以前很忙）
>
> ② 现在他有工作了。（以前没有工作）

2. 动词重叠 Reduplication of verbs

汉语中某些动词可以重叠。动词重叠表示动作经历的时间短促或轻松、随便；有时也表示尝试。单音节动词重叠的形式是"AA"，例如：看看、听听、尝尝；双音节动词重叠的形式是"ABAB"，例如：休息休息、介绍介绍。

In the Chinese language, certain verbs may be reduplicated to denote short duration or ease and casualness of an act. Sometimes they mean to have a try. The form of reduplication for a monosyllabic verb is "AA", e.g. "看看" "听听" "尝尝", while the form of reduplication for a disyllabic verb is "ABAB", e.g. "休息休息" "介绍介绍".

六 练 习 Exercises

1. 用汉语读出下列钱数 Read the following sums in Chinese

| 6.54元 | 10.05元 | 2.30元 | 8.20元 | 42.52元 |
| 1.32元 | 9.06元 | 57.04元 | 100元 | 24.9元 |

2. 用动词的重叠式造句 Make sentences with the reduplicated verb forms

例 Example 问 → 问问老师，明天上课吗？

介绍　　看　　听　　学习　　休息　　玩儿

3. 给括号中的词语选择适当的位置 Insert the given words in the brackets into the following sentences at suitable places

（1）我姐姐不去 A 书店 B。（了）

（2）他明天不来 A 上课 B。（了）

（3）您还 A 要 B 吗？（别的）

（4）这是两 A1 斤 B1，还 A2 买 B2 吗？（半，别的）

4. 完成对话 Complete the following conversations

（1）A：＿＿＿＿＿＿＿＿＿＿＿＿？

　　B：一瓶可乐三块五毛钱。

（2）A：您买什么？

　　B：＿＿＿＿＿＿＿＿＿＿＿＿。

　　A：您要多少？

　　B：＿＿＿＿＿＿＿＿＿＿。一斤橘子多少钱？

　　A：＿＿＿＿＿＿＿＿＿＿。还要别的吗？

　　B：＿＿＿＿＿＿＿＿＿＿。

5. 听后复述 Listen and retell

　　我买汉语书，不知道去哪儿买。今天我问王兰，她说新华书店（Xīnhuá Shūdiàn, Xinhua Bookstore）有，那儿的汉语书很多。明天下午我去看看。

6. 语音练习 Phonetic drills

(1) 读下列词语：第二声 + 第三声　　Read the following words: 2nd tone + 3rd tone

píjiǔ	（啤酒）	píngguǒ	（苹果）
yóulǎn	（游览）	shíjiǔ	（十九）
méiyǒu	（没有）	jiéguǒ	（结果）
máobǐ	（毛笔）	tíngzhǐ	（停止）
cídiǎn	（词典）	shípǐn	（食品）

(2) 常用音节练习　　Drills on the frequently used syllables

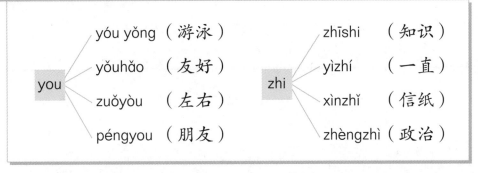

you	yóu yǒng	（游泳）	zhi	zhīshi	（知识）
	yǒuhǎo	（友好）		yìzhí	（一直）
	zuǒyòu	（左右）		xìnzhǐ	（信纸）
	péngyou	（朋友）		zhèngzhì	（政治）

12 我想买毛衣
I WANT TO BUY A SWEATER

一 句 子 Sentences

069
天 冷 了。 It is getting cold.
Tiān lěng le.

070
我 想 买 件 毛 衣。① I want to buy a sweater.
Wǒ xiǎng mǎi jiàn máoyī.

071
星 期 天 去， 怎 么 样？
Xīngqītiān qù, zěnmeyàng?
What about going there on Sunday?

072
星 期 天 人 太 多。 It is too crowded on Sunday.
Xīngqītiān rén tài duō.

073
我 看 看 那 件 毛 衣。
Wǒ kànkan nà jiàn máoyī.
I want to have a look at that sweater.

074
这 件 毛 衣 我 可 以 试 试 吗？
Zhè jiàn máoyī wǒ kěyǐ shìshi ma?
Can I try on this sweater?

075
这 件 毛 衣 不 大 也 不 小。
Zhè jiàn máoyī bú dà yě bù xiǎo.
This sweater is just the right size.

076
好 极 了！② Wonderful!
Hǎojí le!

二　会　话　Conversations

1

大卫：　天 冷 了。我 想 买 件 毛 衣。
Dàwèi:　Tiān lěng le.　Wǒ xiǎng mǎi jiàn máoyī.

玛丽：　我 也 要 买 东 西。我 们 什 么 时 候 去？
Mǎlì:　Wǒ yě yào mǎi dōngxi.　Wǒmen shénme shíhou qù?

大卫：　星 期 天 去，怎 么 样？
Dàwèi:　Xīngqītiān qù,　zěnmeyàng?

玛丽：　星 期 天 人 太 多。
Mǎlì:　Xīngqītiān rén tài duō.

大卫：　那 明 天 下 午 去 吧。
Dàwèi:　Nà míngtiān xiàwǔ qù ba.

玛丽：　好。我 们 怎 么 去？
Mǎlì:　Hǎo. Wǒmen zěnme qù?

大卫：　坐 公 交 车 吧。
Dàwèi:　Zuò gōngjiāochē ba.

2

大卫：　小 姐，我 看 看 那 件 毛 衣。
Dàwèi:　Xiǎojiě,　wǒ kànkan nà jiàn máoyī.

售货员：　好。
Shòuhuòyuán:　Hǎo.

大卫：　我 可 以 试 试 吗？
Dàwèi:　Wǒ kěyǐ shìshi ma?

售货员：　您 试 一 下 儿 吧。
Shòuhuòyuán:　Nín shì yíxiàr ba.

玛丽: 这 件 太 短 了。③
Mǎlì: Zhè jiàn tài duǎn le.

售货员: 您 试 试 那 件。
Shòuhuòyuán: Nín shìshi nà jiàn.

大卫: 好，我 再 试 一 下 儿。
Dàwèi: Hǎo, wǒ zài shì yíxiàr.

玛丽: 这 件 不 大 也 不 小。
Mǎlì: Zhè jiàn bú dà yě bù xiǎo.

大卫: 好 极 了，我 就 买 这 件。
Dàwèi: Hǎojí le, wǒ jiù mǎi zhè jiàn.

注释　Notes

❶ 我想买件毛衣。 I want to buy a sweater.

　　量词前的数词"一"如不在句首，可以省略。所以"买一件毛衣"可以说成"买件毛衣"。

The numeral "一" before a measure word may be omitted if it does not occur at the beginning of a sentence. So "买一件毛衣" may be said as "买件毛衣".

❷ 好极了！ Wonderful!

　　"极了"用在形容词或某些状态动词后，表示达到最高程度。例如：累极了、高兴极了、喜欢（xǐhuan）极了。

"极了" after adjectives or certain stative verbs denotes "to the highest degree", e.g. "累极了""高兴极了""喜欢（to like, to enjoy）极了".

❸ 这件太短了。 This one is too short.

　　句中省略了中心语"毛衣"。在语言环境清楚时，中心语可以省略。

The headword "毛衣" in the sentence is omitted. When the language context is clear, the headword may be omitted.

替换与扩展 Substitution and Extension

1. 替换 Substitution

（1）我想<u>买毛衣</u>。 ≫≪

学习汉语	看电影
发微信	喝水

（2）我<u>看看</u>那<u>件</u><u>毛衣</u>。 ≫≪

写	课	生词
穿	件	衣服
尝	种	水果

（3）这<u>件</u><u>毛衣</u>不<u>大</u>也不<u>小</u>。 ≫≪

件	衣服	长	短
课	生词	多	少

2. 扩展 Extension

今 天 我 很 忙 ， 不 去 食 堂 吃 饭 了 。 北 京
Jīntiān wǒ hěn máng, bú qù shítáng chī fàn le. Běijīng

的 宫保 鸡丁 很 好吃 ， 叫 一 个 外卖 吧 。
de gōngbǎo jīdīng hěn hǎochī, jiào yí ge wàimài ba.

四 生词 New Words

1.	天	tiān	名	weather, sky
2.	冷	lěng	形	cold
3.	想	xiǎng	能愿 / 动	would like; to think
4.	件	jiàn	量	piece
5.	毛衣	máoyī	名	sweater
6.	怎么样	zěnmeyàng	代	how, what about...
7.	可以	kěyǐ	能愿	can, may
8.	试	shì	动	to try on, to test
9.	大	dà	形	big, large
10.	小	xiǎo	形	small, little
11.	……极了	……jí le		extremely, very
12.	短	duǎn	形	short
13.	再	zài	副	again
14.	写	xiě	动	to write
15.	生词	shēngcí	名	new word
16.	穿	chuān	动	to wear, to put on
17.	衣服	yīfu	名	dress, clothes
18.	长	cháng	形	long
19.	少	shǎo	形	little, few
20.	宫保鸡丁	gōngbǎo jīdīng		spicy diced chicken with peanuts

| 21. | 好吃 | hǎochī | 形 | delicious |
| 22. | 外卖 | wàimài | 名 | take-out |

五　语 法　Grammar

1. 主谓谓语句　The sentence with a subject-predicate construction as its predicate

由主谓短语作谓语的句子叫主谓谓语句。主谓短语的主语所指的人或事物常跟全句的主语有关。例如：

Sentences of this type have a subject-predicate construction as its predicate. The person or thing denoted by the subject of this phrase is often related to the subject of the whole sentence, e.g.

> ① 他身体很好。　② 我工作很忙。
>
> ③ 星期天人很多。

2. 能愿动词　Modal verbs

（1）能愿动词"想""要""可以""会"等常放在动词前边表示意愿、能力或可能。能愿动词的否定式是在能愿动词前加"不"。例如：

Modal verbs such as "想""要""可以""会" arc often put before verbs to show will, capability or possibility. The negative forms of these verbs are formed by putting "不" before them, e.g.

> ① 他要买书。　② 我想回家。
>
> ③ 可以去那儿。　④ 我不想买东西。

（2）能愿动词"要"的否定形式常用"不想"。例如：

"不想" is often used as the negative form of the modal verb "要", e.g.

⑤ A：你要喝水吗？

B：我现在不想喝。

（3）带有能愿动词的句子，只要把能愿动词的肯定形式与否定形式并列起来，就构成了正反疑问句。例如：

For a sentence with a modal verb, its affirmative-negative (V+不+V) question is formed by juxtaposing the positive form and the negative form of that modal verb, e.g.

⑥ 你想不想去长城？　　⑦ 你会不会说汉语？

六 练 习 Exercises

1. 填入适当的量词，然后用"几"或"多少"提问　Fill in the blanks with the proper measure words and then raise questions with "几" or "多少"

例 Example 我要三＿＿＿橘子。→ 我要三斤橘子。你要几斤橘子？

（1）我想买一＿＿＿可乐。　　→ ＿＿＿＿＿＿＿＿＿＿

（2）我要买两＿＿＿衣服。　　→ ＿＿＿＿＿＿＿＿＿＿

（3）我家有五＿＿＿人。　　→ ＿＿＿＿＿＿＿＿＿＿

（4）两个苹果要五＿＿＿六＿＿＿。→ ＿＿＿＿＿＿＿＿＿

（5）这是六＿＿＿苹果。　　→ ＿＿＿＿＿＿＿＿＿＿

（6）那个银行有二十五＿＿＿职员。→ ＿＿＿＿＿＿＿＿＿

（7）这课有十七＿＿＿生词。　　→ ＿＿＿＿＿＿＿＿＿

2. 选择适当的词语完成句子　Complete the following sentences with the appropriate words

不……也不……　　太……了　　……极了　　可以　　想

（1）这种 _____，那种便宜，我买那种。

（2）我很忙，今天 _____，想休息休息。

（3）这件衣服 _____，你穿 _____。

（4）今天不上课，我们 _____。

（5）明天星期天，我 _____。

3. 找出错误的句子并改正　Correct the following sentences if there are any mistakes

（1）A：你要吃苹果吗？
　　　B：我要不吃苹果。

（2）A：星期天你想去不去玩儿？
　　　B：我想去。你想不想去？

（3）A：请问，这儿能上不上网？
　　　B：不能，这儿没有网。

（4）A：商店里人多吗？
　　　B：商店里很多人。

4. 谈谈你买的一件东西　Talk about a thing you've bought

提示：多少钱？贵不贵？买的时候有几种？那几种怎么样？
Suggested points: How much did you spend on it? Was it expensive? How many kinds were there at the time when you bought it? What did you think of the others?

5. 听后复述　Listen and retell

A：这是张丽英买的毛衣。她穿太小，我穿太大，你试试怎么样。

B：不长也不短，好极了。多少钱？

A：不知道。不太贵。

B：我们去问问丽英。

A：现在她不在，下午再去问吧。

6. 语音练习 Phonetic drills

(1) 读下列词语：第二声 + 第四声 Read the following words: 2nd tone + 4th tone

yóupiào	（邮票）	yúkuài	（愉快）
tóngzhì	（同志）	xuéyuàn	（学院）
shíyuè	（十月）	qúnzhòng	（群众）
chéngdù	（程度）	guójì	（国际）
wénhuà	（文化）	dédào	（得到）

(2) 常用音节练习 Drills on the frequently used syllables

ji			yong	
xǐyījī	（洗衣机）	yōngjǐ	（拥挤）
zháo jí	（着急）	yǒnggǎn	（勇敢）
jǐ ge	（几个）	yóu yǒng	（游泳）
jì xìn	（寄信）	búyòng	（不用）

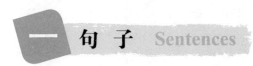

13　要换车

YOU HAVE TO CHANGE BUSES

一　**句子**　Sentences

077　这 路 车 到 天 安 门 吗？
Zhè lù chē dào Tiān'ānmén ma?
Does this bus go to Tian'anmen?

078　我 没 有 卡。　I don't have a card.
Wǒ méiyǒu kǎ.

079　我 会 说 一点儿 汉语。　I can speak a bit of Chinese.
Wǒ huì shuō yìdiǎnr Hànyǔ.

080　到 天 安 门 还 有 几 站？
Dào Tiān'ānmén hái yǒu jǐ zhàn?
How many more stops are there before we reach Tian'anmen?

081　天 安 门 到 了。 Here we are at Tian'anmen.
Tiān'ānmén dào le.

082　我 买 一 张 地铁票。　I will buy a subway ticket.
Wǒ mǎi yì zhāng dìtiěpiào.

083　去 北 京 大 学 要 换 车 吗？①
Qù Běijīng Dàxué yào huàn chē ma?
Shall I change to the subway on my way to Peking University?

084　换 几 号 线？　Which line shall I change to?
Huàn jǐ hào xiàn?

二 会 话 Conversations

1 （大卫和玛丽坐公交车去天安门）

玛丽： 请 问，这 路 车 到 天安门 吗？
Mǎlì: Qǐngwèn, zhè lù chē dào Tiān'ānmén ma?

售票员： 到。上 车 吧，请 刷 卡。
Shòupiàoyuán: Dào. Shàng chē ba, qǐng shuā kǎ.

大卫： 我 没有 卡。
Dàwèi: Wǒ méiyǒu kǎ.

售票员： 刷 手机、投币 都 可以。
Shòupiàoyuán: Shuā shǒujī、 tóu bì dōu kěyǐ.

玛丽： 到 天安门 多少 钱？
Mǎlì: Dào Tiān'ānmén duōshao qián?

售票员： 七 块。
Shòupiàoyuán: Qī kuài.

A： 你们 会 说 汉 语？ ②
Nǐmen huì shuō Hànyǔ?

大卫： 会 说 一点儿。
Dàwèi: Huì shuō yìdiǎnr.

玛丽： 我 说 汉语，你 懂 吗？
Mǎlì: Wǒ shuō Hànyǔ, nǐ dǒng ma?

A： 懂。你们 是 哪 国 人？
Dǒng. Nǐmen shì nǎ guó rén?

大卫： 我 是 法 国 人。
Dàwèi: Wǒ shì Fǎguórén.

玛丽：我 是 美 国 人。
Mǎlì: Wǒ shì Měiguórén.

大卫：到 天 安 门 还 有 几 站？
Dàwèi: Dào Tiān'ānmén hái yǒu jǐ zhàn?

A：两 站。
Liǎng zhàn.

售票员：天 安 门 到 了，请 下 车。
Shòupiàoyuán: Tiān'ānmén dào le, qǐng xià chē.

2（玛丽在天安门地铁站买票）

玛丽：我 买 一 张 地 铁 票。
Mǎlì: Wǒ mǎi yì zhāng dìtiěpiào.

售票员：去 哪 儿？
Shòupiàoyuán: Qù nǎr?

玛丽：北 京 大 学。请 问 要 换 车 吗？
Mǎlì: Běijīng Dàxué. Qǐngwèn yào huàn chē ma?

售票员：要 换。
Shòupiàoyuán: Yào huàn.

玛丽：在 哪 儿 换？
Mǎlì: Zài nǎr huàn?

售票员：在 西 单。
Shòupiàoyuán: Zài Xīdān.

玛丽：换 几 号 线？
Mǎlì: Huàn jǐ hào xiàn?

售票员：4 号 线。
Shòupiàoyuán: Sì hào xiàn.

玛丽： 一 张 票 多少 钱？
Mǎlì:　Yì zhāng piào duōshao qián?

售票员： 五 块。
Shòupiàoyuán:　Wǔ　kuài.

玛丽： 谢谢！
Mǎlì:　Xièxie!

售票员： 不谢。
Shòupiàoyuán:　Bú xiè.

注释　Notes

❶ 去北京大学要换车吗？　Shall I change to the subway on my way to Peking University?

去北京大学要换车吗？　Shall I change to the subway on my way to Peking University?

能愿动词"要"在这里表示事实上的需要。
The modal verb "要" here expresses an actual necessity.

❷ 你们会说汉语？　You can speak Chinese?

句末用升调，表示疑问语气。
The rising tone at the end of a sentence has an interrogative implication.

三 替换与扩展 Substitution and Extension

1. 替换 Substitution

（1）我没有<u>卡</u>。　

钱	钱包
汉语书	笔

（2）你们会说汉语？　　≫≪　　英语　俄语　法语　韩语

（3）A：你是哪国人？　　≫≪　　中国　美国　韩国
　　　B：我是法国人。　　　　　　英国　日本

（4）买一张票。　　≫≪　　杯　可乐　张　地图
　　　　　　　　　　　　　本　书　个　本子

2. 扩展 Extension

A：你 们 会 说 汉 语 吗？
　 Nǐmen huì shuō Hànyǔ ma?

B：他 会 说 一 点 儿， 我 不 会。
　 Tā huì shuō yìdiǎnr, wǒ bú huì.

四　生 词　New Words

1.	路	lù	名	route, line
2.	到	dào	动	to reach, to get to
3.	卡	kǎ	名	swiping card
4.	会	huì	能愿/动	can; to be able to
5.	说	shuō	动	to speak
6.	一点儿	yìdiǎnr	数量	a bit, a little
7.	站	zhàn	名	bus stop, station

8.	地铁	dìtiě	名	subway
9.	换	huàn	动	to change to
10.	号	hào	名	number
11.	线	xiàn	名	line
12.	刷	shuā	动	to swipe
13.	投币	tóu bì		to insert coins
14.	懂	dǒng	动	to understand
15.	钱包	qiánbāo	名	wallet
16.	笔	bǐ	名	pen
17.	俄语	Éyǔ	名	Russian
18.	法语	Fǎyǔ	名	French

专名 Proper Nouns

1.	北京大学	Běijīng Dàxué	Peking University
2.	法国	Fǎguó	France
3.	西单	Xīdān	Xidan District
4.	韩国	Hánguó	the Republic of Korea
5.	英国	Yīngguó	Britain
6.	日本	Rìběn	Japan

五 语 法 Grammar

1. 能愿动词"会" The model verb "会"

能愿动词"会"可以表示几种不同的意思。常用的如下：

The modal verb "会" has several different meanings. The following is frequently used:

通过学习掌握了某种技巧。例如：

To master a skill through learning, e.g.

> ① 他会说汉语。　　　　② 我不会做中国饭。

2. 数量词作定语 Quantifiers acting as attributives

在现代汉语里，数词一般不能直接修饰名词，中间必须加上特定的量词。例如：

In modern Chinese, numerals are generally not used to modify nouns directly. One needs to put a specific measure word between them, e.g.

> 两张票　　　三个本子　　　五个学生

六 练 习 Exercises

1. 熟读下列短语并造句 Read up on the following expressions and make sentences

> 坐公交车　　　换地铁　　　吃（一）点儿　　　说英语
> 刷手机　　　去西单

2. 用"在""往""去"完成句子　Complete the following sentences with "在" "往" and "去"

（1）大卫 _____ 学习汉语。

（2）我去王府井，不知道 _____ 坐车。

（3） _____ 走，就是331路车站。

（4）请问， _____ 怎么走？

（5）我 _____ ，欢迎你来玩儿。

3. 完成对话　Complete the following conversations

（1）A：你会说汉语吗？

　　B：_____。（一点儿）

（2）A：他会说英语吗？

　　B：_____。（不会）

4. 根据句中的画线部分，把句子改成用疑问代词提出问题的问句　Change the following sentences into questions by replacing the underlined parts with interrogative pronouns

（1）山下和子是日本留学生。　➡ _____

（2）我有三个本子、两本书。　➡ _____

（3）我认识大卫的妹妹。　➡ _____

（4）今天晚上我去看电影。　➡ _____

（5）我在天安门坐车。　➡ _____

（6）他爸爸的身体好极了。　➡ _____

5. 听后复述　Listen and retell

　　我认识一个中国朋友，他在北京大学学习。昨天我想去看他。我问刘京去北京大学怎么走。刘京说，北京大学离这儿很近，坐375路公交车可以到。我就去坐375路公交车。

　　375路车站就在前边。车来了，我问售票员，去不去北京大学。售票员说去，我很高兴，就上车了。

6. 说一说　Give a talk

　　你常常怎么出行？

7. 语音练习　Phonetic drills

(1) 读下列词语：第二声＋轻声　Read the following words: 2nd tone + neutral tone

bié de	（别的）	pútao	（葡萄）
nán de	（男的）	lái le	（来了）
chuán shang	（船上）	júzi	（橘子）
máfan	（麻烦）	shénme	（什么）
tóufa	（头发）	liángkuai	（凉快）

(2) 常用音节练习　Drills on the frequently used syllables

liang
- liángshuǎng　（凉爽）
- liǎng ge　　（两个）
- yuèliang　　（月亮）

lao
- dǎlāo　　（打捞）
- láodòng　（劳动）
- lǎoshī　　（老师）

14 我要去换钱

I AM GOING TO CHANGE MONEY

一 **句 子** Sentences

085　钱 都 花 了。 I've run out of money.
　　Qián dōu huā le.

086　听 说 饭 店 里 可 以 换 钱。
　　Tīngshuō fàndiàn li kěyǐ huàn qián.
　　I hear that one can change money in a hotel.

087　这 儿 能 不 能 换 钱 ?
　　Zhèr néng bu néng huàn qián?
　　Is it possible to change money here?

088　您 带 的 什 么 钱 ?
　　Nín dài de shénme qián?
　　What kind of money have you brought with you?

089　请 您 在 这 儿 写 一 下 儿 钱 数。
　　Qǐng nín zài zhèr xiě yíxiàr qián shù.
　　Please write down the sum of money here.

090　请 数 一 数。① Please count the money.
　　Qǐng shǔ yi shǔ.

091　时 间 不 早 了。 It is getting late.
　　Shíjiān bù zǎo le.

092　我 们 快 走 吧! Let us hurry.
　　Wǒmen kuài zǒu ba!

二 会话 Conversations

1

玛丽： 钱 都 花 了， 我 没 钱 了。 我 要 去 换 钱。
Mǎlì： Qián dōu huā le, wǒ méi qián le. Wǒ yào qù huàn qián.

大卫： 听 说 饭 店 里 可 以
Dàwèi： Tīngshuō fàndiàn li kěyǐ

换 钱。
huàn qián.

玛丽： 我 们 去 问 问 吧。
Mǎlì： Wǒmen qù wènwen ba.

2

玛丽： 请 问， 这 儿 能 不 能 换 钱？
Mǎlì： Qǐngwèn, zhèr néng bu néng huàn qián?

营业员： 能。 您 带 的 什 么 钱？
Yíngyèyuán： Néng. Nín dài de shénme qián?

玛丽： 美 元。
Mǎlì： Měiyuán.

营业员： 换 多 少？
Yíngyèyuán： Huàn duōshao?

玛丽： 五 百 美 元。 一 美 元 换 多 少 人 民 币？
Mǎlì： Wǔbǎi měiyuán. Yì měiyuán huàn duōshao rénmínbì?

营业员： 六 块 四 毛 九。 请 您 在 这 儿 写 一 下 儿 钱
Yíngyèyuán： Liù kuài sì máo jiǔ. Qǐng nín zài zhèr xiě yíxiàr qián

数，在 这 儿 签 一 下 儿 名字。
shù, zài zhèr qiān yíxiàr míngzi.

玛丽： 这 样 写， 对 不 对？
Mǎlì: Zhèyàng xiě, duì bu duì?

营业员： 对。 给 您 钱， 请 数 一 数。
Yíngyèyuán: Duì. Gěi nín qián, qǐng shǔ yi shǔ.

玛丽： 谢 谢！
Mǎlì: Xièxie!

大卫： 时 间 不 早 了， 我 们 快 走 吧！
Dàwèi: Shíjiān bù zǎo le, wǒmen kuài zǒu ba!

注释　Note

❶ 请数一数。　Please count the money.

　"数一数" 与 "数数" 意思相同。单音节动词重叠，中间可加 "一"。例如：
听一听、问一问。

　"数一数" has the same meaning as "数数". When a monosyllabic verb is reduplicated,
one may add "一" in between, e.g. "听一听" "问一问".

三　替换与扩展 Substitution and Extension

1. 替换 Substitution

	他回国了
（1）听说饭店里可以换钱。	大卫会说汉语
	小王会一点儿英语

（2）请您<u>写</u>一下儿钱<u>数</u>。 »《

问	电话号码
念	生词
等	玛丽
签	名字

（3）<u>我们</u>快<u>走</u>吧！ »《

你	来
你们	去
我们	吃
玛丽	写

2. 扩展 Extension

（1）没 有 时 间 了， 不 等 他 了。
　Méiyǒu shíjiān le, bù děng tā le.

（2）这 是 他 的 书。 请 你 给 他。
　Zhè shì tā de shū. Qǐng nǐ gěi tā.

四 生 词 New Words

1.	花	huā	动	to spend
2.	听说	tīngshuō	动	it is said, I hear
3.	饭店	fàndiàn	名	hotel
4.	里	li	名	inside
5.	能	néng	能愿	can, to be able to

6.	带	dài	动	to take, to carry
7.	数	shù	名	number
8.	数	shǔ	动	to count
9.	时间	shíjiān	名	time
10.	快	kuài	形	quick, rapid
11.	营业员	yíngyèyuán	名	shop employee
12.	美元	měiyuán	名	US dollar
13.	百	bǎi	数	hundred
14.	人民币	rénmínbì	名	RMB (*Chinese monetary unit*)
15.	签	qiān	动	to sign
16.	这样	zhèyàng	代	in this way
17.	电话	diànhuà	名	telephone
18.	号码	hàomǎ	名	number
19.	念	niàn	动	to read
20.	等	děng	动	to wait

五　语　法　Grammar

1. 兼语句　The pivotal sentence

　　谓语由两个动词短语组成，前一个动词的宾语同时又是后一个动词的主语，这种句子叫兼语句。兼语句的动词常常是带有使令意义的动词，如"请""让（ràng）""叫"等。例如：

A sentence is called a pivotal sentence if its predicate consists of two verb phrases with the object of the first verb functioning at the same time as the subject of the second verb. In such a sentence, the first verb often has a causative meaning. "请" "让 (to let)" "叫", etc., are verbs of this type, e.g.

> ① 请您签一下儿名字。　　② 请他吃饭。

2. 语气助词"了"（2）　The modal particle "了" (2)

（1）有时"了"表示某件事或某种情况已经发生。试比较下面两组对话：

Sometimes, "了" is used to denote that a certain event or situation has already taken place. Please compare the following two dialogues:

> ① A：你去哪儿？　　② A：你去哪儿了？
> 　 B：我去商店。　　　 B：我去商店了。
> 　 A：你买什么？　　　 A：你买什么了？
> 　 B：我买苹果。　　　 B：我买苹果了。

第①组对话没用"了"，表示"去商店""买苹果"这两件事尚未发生；第②组用"了"，表示这两件事已经发生了。

In the first dialogue "了" doesn't show up, which shows that the two events "去商店" and "买苹果" have not yet happened, but in the second dialogue "了" is used, which shows that the above-mentioned events have already taken place.

（2）带语气助词"了"的句子，其否定形式是在动词前加副词"没（有）"，去掉句尾的"了"。反复问句是在句尾加上"……了没有"，或者并列动词的肯定形式和否定形式"……没……"。例如：

The negative form of the sentence with the modal particle "了" is realized by putting the adverb "没（有）" before the verb while omitting "了" at the end of the sentence. To form an affirmative-negative question, one adds "……了没有" at the end of the sentence or juxtaposes the affirmative and negative forms of the verb like this: "……没……". e.g.

> ③ 他没去商店。　　④ 我没买苹果。
> ⑤ 你吃饭了没有？　　⑥ 你吃没吃饭？

六 练 习 Exercises

1. 用"要""想""能""会""可以"和括号中的词语完成句子 Complete the following sentences with "要""想""能""会""可以" and the words in the brackets

（1）明天我有课，_____。（玩儿）

（2）听说那个电影很好，_____。（看）

（3）你_____吗？（说）

（4）这个本子不太好，_____？（换）

（5）现在我_____，请你明天再来吧。（上课）

2. 用"再""可以""会""想"填空 Fill in the blanks with "再""可以""会" and "想"

这个汉字我不_____写。张老师说，我_____去问他。我_____现在去。大卫说，张老师很忙，现在不要（búyào, don't）去，下午_____去吧。

3. 改正下面的错句 Correct the mistakes in the following sentences

（1）昨天我没给你发微信了。 ➡ _____

（2）他常常去食堂吃饭了。 ➡ _____

（3）昨天的生词很多了。 ➡ _____

（4）昨天我不去商店，明天我去商店了。 ➡ _____

4. 完成对话 Complete the following conversations

（1）A: _____?

B: 我去朋友家了。

A: _____?

B: 现在我回学校。

（2）A: _____，好吗？

B: 好。你等一下儿，我去换件衣服。

A: _____。

B: 这件衣服_____？

A: 很好，我们走吧。

5. 听后复述　Listen and retell

和子想换钱。她听说学校的银行能换，就去了。营业员问她带的什么钱，要换多少，还说要写一下儿钱数和名字。和子都写了。换钱的时候，和子对营业员说："对不起，我忘（wàng, to forget）带钱了。"

6. 语音练习　Phonetic drills

（1）读下列词语：第三声＋第一声　Read the following words: 3rd tone + 1st tone

Běijīng	（北京）	shǒudū	（首都）
hǎochī	（好吃）	měi tiān	（每天）
lǎoshī	（老师）	kǎoyā	（烤鸭）
qǐfēi	（起飞）	jiǎndān	（简单）
hěn gāo	（很高）	huǒchē	（火车）

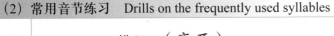

（2）常用音节练习　Drills on the frequently used syllables

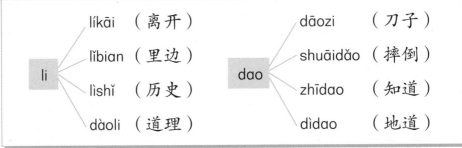

li	líkāi	（离开）	dao	dāozi	（刀子）
	lǐbian	（里边）		shuāidǎo	（摔倒）
	lìshǐ	（历史）		zhīdao	（知道）
	dàoli	（道理）		dìdao	（地道）

15 我要照张相

I WANT TO TAKE A PICTURE

一 句 子 Sentences

093 这 是 新 到 的 鲜花儿。
Zhè shì xīn dào de xiānhuār.
These are fresh flowers.

094 还 有 好看 的 吗？
Hái yǒu hǎokàn de ma?
Are there any other good-looking ones?

095 这 几 种 怎么样？① How about these few kinds?
Zhè jǐ zhǒng zěnmeyàng?

096 请 你 帮 我 挑 几 种。 Please help me choose some.
Qǐng nǐ bāng wǒ tiāo jǐ zhǒng.

097 那 就 买 这 几 种 吧。 Give me these kinds of flowers.
Nà jiù mǎi zhè jǐ zhǒng ba.

098 手 机 没 电 了。 The mobile phone is power off.
Shǒujī méi diàn le.

099 你 打 通 电 话 了 吗？ Did you get through the phone?
Nǐ dǎtōng diànhuà le ma?

100 她 关 机 了。 She has turned off the mobile phone.
Tā guān jī le.

1 （在花店）

和子：请问 有 鲜花儿 吗？
Hézǐ：Qǐngwèn yǒu xiānhuār ma?

营业员：有，这是 新 到 的。
Yíngyèyuán：Yǒu, zhè shì xīn dào de.

和子：还 有 好看 的 吗？
Hézǐ：Hái yǒu hǎokàn de ma?

营业员：你 看看，这 几 种 怎么 样？
Yíngyèyuán：Nǐ kànkan, zhè jǐ zhǒng zěnmeyàng?

和子：请 你 帮 我 挑 几 种。
Hézǐ：Qǐng nǐ bāng wǒ tiāo jǐ zhǒng.

营业员：我 看 这 四 种 花儿 都 很 好看。
Yíngyèyuán：Wǒ kàn zhè sì zhǒng huār dōu hěn hǎokàn.

和子：那 就 买 这 几 种 吧。
Hézǐ：Nà jiù mǎi zhè jǐ zhǒng ba.

营业员：还 买 别 的 吗？
Yíngyèyuán：Hái mǎi bié de ma?

和子：不 买 了。
Hézǐ：Bù mǎi le.

2

和子：这个 公园 真 不错。
Hézǐ：Zhège gōngyuán zhēn búcuò.

张丽英：这 里 的 风景 太 美 了，我 要 照
Zhāng Lìyīng：Zhèli de fēngjǐng tài měi le, wǒ yào zhào

张　相。
zhāng xiàng.

和子：给　玛丽　打个　电话，叫
Hézǐ: Gěi Mǎlì dǎ ge diànhuà, jiào

她 也 来 吧。
tā yě lái ba.

张丽英：哎呀，我的手机没电了。
Zhāng Lìyīng: Āiyā, wǒ de shǒujī méi diàn le.

和子：我打吧。
Hézǐ: Wǒ dǎ ba.

张丽英：好。我去买点儿饮料。
Zhāng Lìyīng: Hǎo. Wǒ qù mǎi diǎnr yǐnliào.

……

张丽英：你打通电话了吗？
Zhāng Lìyīng: Nǐ dǎtōng diànhuà le ma?

和子：没打通，她关机了。
Hézǐ: Méi dǎtōng, tā guān jī le.

注释　Note

❶ 这几种怎么样？ How about these few kinds?

　　这里的"几"不是提问，而是表示概数——10 以下的不确定的数目。例如：我有十几本书，教室里有几十个学生。

　　"几" here is not interrogative, but an approximation denoting an indefinite number under 10, e.g. "我有十几本书""教室里有几十个学生".

替换与扩展 Substitution and Extension

1. 替换 Substitution

（1）这是新<u>到</u>的<u>鲜花儿</u>。

买	照相机	买	电脑
做	衣服	来	老师

（2）请你帮我<u>挑</u> 几种
好看的<u>花儿</u>。

交	几元	电话费
找	几本	书
试	几件	毛衣
拿	几个	东西

（3）你<u>打 通 电话</u>了吗?

吃	完	饭
看	完	那本书
找	到	玛丽
买	到	电脑

2. 扩展 Extension

（1）我 给 他 发 电 子 邮 件。
　　Wǒ gěi tā fā diànzǐ yóujiàn.

（2）我 给 东 京 的 朋 友 打 电 话。我 说 汉 语,
　　Wǒ gěi Dōngjīng de péngyou dǎ diànhuà. Wǒ shuō Hànyǔ,

　　他 不 懂; 说 英 语, 他 听 懂 了。
　　tā bù dǒng; shuō Yīngyǔ, tā tīngdǒng le.

四 生词 New Words

1.	新	xīn	形	new
2.	到	dào	动	to come
3.	鲜花儿	xiānhuār	名	fresh flower
4.	好看	hǎokàn	形	good-looking, nice
5.	帮	bāng	动	to help
6.	挑	tiāo	动	to choose
7.	电	diàn	名	electricity
8.	打	dǎ	动	to make (a call)
9.	通	tōng	动	to be through
10.	关机	guān jī		to turn off a mobile phone
11.	真	zhēn	副/形	really; real
12.	不错	búcuò	形	not bad
13.	风景	fēngjǐng	名	landscape, scenery
14.	照相	zhào xiàng		to take photos
	照	zhào	动	to take a photo
15.	哎呀	āiyā	叹	lumme
16.	照相机	zhàoxiàngjī	名	camera
17.	交	jiāo	动	to pay
18.	费	fèi	名/动	fee; to expend
19.	拿	ná	动	to take
20.	完	wán	动	to finish, to end

专名　Proper Noun

| 东京 | Dōngjīng | Tokyo |

五　语法　Grammar

1. "是"字句（2）　The "是" sentence (2)

名词、代词、形容词等后面加助词"的"组成"的"字结构，它具有名词的性质和作用，可独立使用。这种"的"字结构常出现在"是"字句里。例如：

The "的" construction, which consists of a noun, a pronoun or an adjective and the particle "的", has the same characteristics and functions as a noun. It may be used independently. The "的" construction often occurs in the "是" sentence, e.g.

> ① 这个本子是我的。　　② 那本书是新的。
>
> ③ 这件毛衣不是玛丽的。

2. 结果补语　The complement of result

（1）说明动作结果的补语叫结果补语。结果补语常由动词或形容词充任。例如：打通、写对。

The complement which tells the result of an action is known as the complement of result. As a rule, it is a verb or an adjective that acts as the complement of result, e.g. "打通" "写对".

（2）动词"到"作结果补语，表示人或运行的器物通过动作到达某个地点或动作持续到某个时间，也可以表示动作进行到某种程度。例如：

When the verb "到" is used as a complement of result, it shows that a person or a transportation vehicle has reached a certain place in the manner indicated by the preceding verb, or that the action expressed by the preceding verb (has) lasted up to a certain point of time or reached to a certain degree, e.g.

> ① 他回到北京了。　　② 我们学到第十五课了。
>
> ③ 她昨天晚上工作到十点。

（3）带结果补语的句子的否定式是在动词前加"没（有）"。例如：

The negative form of a sentence with a complement of result is realized by putting "没（有）" before the main verb, e.g.

> ④ 我没买到那本书。　　⑤ 大卫没找到玛丽。

3. 介词"给"　The preposition "给"

介词"给"可以用来引出动作、行为的接受对象。例如：

The preposition "给" may be used to introduce the recipient of an action or a behaviour, e.g.

> ① 昨天我给你打电话了。　② 他给我做衣服。

六　练习　Exercises

1. 熟读下列短语，每组选择一个造句　Read up on the following expressions and make a sentence with one from each group

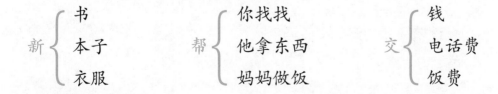

新 { 书　本子　衣服 　　帮 { 你找找　他拿东西　妈妈做饭 　　交 { 钱　电话费　饭费

2. 仿照例句改写句子（用上适当的量词） Rewrite the sentences by following the example (Try to use some appropriate measure words)

例 Example 这是一件新毛衣。 ➡ 这件毛衣是新的。

（1）这是妹妹的电脑。 ➡ _____

（2）那是一本新书。 ➡ _____

（3）这是大卫的照相机。 ➡ _____

（4）这是一个日本电影。 ➡ _____

3. 选择适当的词语完成句子 Complete the following sentences with the appropriate words

真　　　交　　　完　　　通

（1）我的钱_____，我要去换钱。

（2）这个月的手机费你_____吗?

（3）我给玛丽打电话，没_____，明天再打。

（4）这种花儿_____，我也想买。

4. 完成对话 Complete the following conversations

（1）A：你找什么?

　　B：_____。

　　A：你的书是新的吗?

　　B：_____。

（2）A：_____?

　　B：我没有。你有法语书吗?

　　A：有。

　　B：_____?

　　A：对，是新买的。

（3）A：这个照相机是谁的？

B：--。

A：--？

B：对。你看，很新。

5. 听后复述 Listen and retell

这个照相机是大卫新买的。昨天北京大学的两个中国学生来玩儿，我们一起照相了。北京大学的朋友说，星期天请我们去玩儿。他们在北大东门（dōngmén, east gate）等我们。我们去的时候，先（xiān, at first）给他们打电话。

6. 语音练习 Phonetic drills

（1）读下列词语：第三声＋第二声　Read the following words: 3rd tone + 2nd tone

yǔyán （语言）	yǐqián （以前）
yǒumíng （有名）	qǐ chuáng （起床）
lǚxíng （旅行）	Měiguó （美国）
hěn cháng （很长）	jǔxíng （举行）
jiǎnchá （检查）	zǎochá （早茶）

（2）常用音节练习　Drills on the frequently used syllables

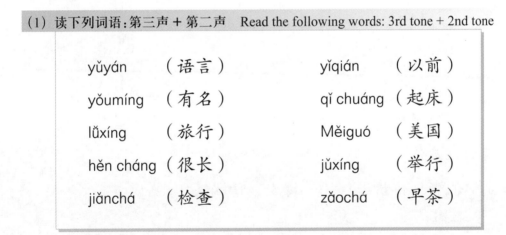

复习（三）

REVIEW (Ⅲ)

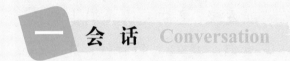

〔小李听见有人敲门（qiāo mén, to knock at the door），去开门（kāi mén, to open the door）〕

李：谁啊？

王：小李，你好！

卫：我们来看你了。

李：是你们啊！快请进！……请坐，请喝茶（chá, tea）。

王、卫：谢谢！

李：你们怎么找到这儿的？

王：小马带我们来的。

卫：小马的奶奶家离这儿很近。他去奶奶家，我们就和他一起来了。

李：你们走累了吧？

王：不累。我们下车以后（yǐhòu, after）很快就找到了这个楼。

卫：你家离你工作的地方很远吧？

李：不远，坐 18 路车就可以到那儿。你们学习忙吧？

王：很忙，每天（měi tiān, everyday）都有课，作业（zuòyè, homework）也很多。

卫：今天怎么你一个人在家？你爸爸妈妈呢？

李：我爸爸妈妈的一个朋友要去美国，今天他们去看那个朋友了。

王：啊（à, ah），十一点半了，我们去饭店吃饭吧。

李：到饭店去吃饭要等很长时间，也很贵，就在我家吃吧。我还要请你们尝尝我的拿手（náshǒu, adept）菜呢！

王、卫：太麻烦（máfɑn, to bother）你了！

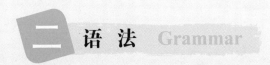

二　语法　Grammar

能愿动词小结　Summary of modal verbs

1. 想

表示主观上的意愿，侧重"打算、希望"。例如：

To express the will of a person, emphasizing one's intention or desire, e.g.

A：你想去商店吗？

B：我不想去商店，我想在家看电视。

2. 要

（1）表示主观意志上的要求。否定式是"不想"。例如：

To express the wish of a person. Its negative form is "不想", e.g.

> ① 我要买件毛衣。
>
> ② A：你要看这本书吗？
>
>   B：我不想看，我要看那本杂志。

（2）表示客观事实上的需要。否定式常用"不用"。例如：

To express practical necessity. Its negative form is usually "不用", e.g.

> ③ A：要换车吗？
>
>   B：要换车（不用换车）。

3. 会

（1）表示通过学习掌握一种技能。例如：

To show that one masters a skill through learning. e.g.

> ① 他会说汉语。　　　　② 我不会做菜。

（2）表示可能性。例如：

To express possibility, e.g.

> ③ A：现在十点了，他不会来了吧？
>
>   B：别着急（bié zháo jí, don't worry），他会来的。

4. 能

（1）表示具有某种能力。例如：

To express capability, e.g.

> ① 大卫能用汉语聊天儿。

（2）也可表示客观上的允许。例如：

Also to express objective permission, e.g.

> ② A：你明天上午能来吗？
>
> B：不能来，明天我有事。

5. 可以

表示客观或情理上许可。例如：

To express objective or rational permission, e.g.

> ① A：我们可以走了吗？
>
> B：可以。
>
> ② A：我们可以在这儿玩儿吗？
>
> B：不行（xíng, it's OK），这儿要上课。

三 练习 Exercises

1. 用动词"给"和下面的词语造双宾语句 Make ditransitive sentences with the verb "给" and the words below

> 本子　　　词典　　　钱　　　鲜花儿　　　苹果

2. 回答问题 Answer the following questions

（1）这本书生词多吗？

（2）你的词典是新的吗？那本书是谁的？

（3）你会说汉语吗？你会不会写汉字？

3. 用下面的句子练习会话 Make conversations with the sentences given below

（1）买东西 Go shopping

你要买什么？	请问，有……吗？
要多少？	一斤多少钱？
还要别的吗？	多少钱一斤？
请先交钱。	在这儿交钱吗？
你怎么付？	在哪儿交钱？
请数一数。	给你钱。

（2）坐车 / 地铁 Take a bus / subway

这路车到……吗？	我去……。
到……还有几站？	买……张票。
一张票多少钱？	在……上的。
在哪儿换车？	在……下车。
换几号线？	

（3）换钱 Change money

这儿能换钱吗？	你带的什么钱？
……能换多少人民币？	换多少？
请写一下儿钱数和名字。	

4. 语音练习 Phonetic drills

（1）声调练习：第四声+第三声 Drills on tones: 4th tone + 3rd tone

Hànyǔ　　（汉语）

huì jiǎng Hànyǔ　　（会讲汉语）

Dàwèi huì jiǎng Hànyǔ.　　（大卫会讲汉语。）

（2）朗读会话 Read aloud the conversation

A: Nǐ lěng ma?　　　　　　B: Yǒudiǎnr lěng.

A: Gěi nǐ zhè jiàn máoyī.　　B: Wǒ shìshi.

A: Bú dà yě bù xiǎo.　　　　B: Shì a. Xièxie!

四　阅读短文　Reading Passage

　　我跟大卫说好（shuōhǎo, to arrange）星期天一起去买衣服。

　　星期天，我很早就起床了。我家离商场（shāngchǎng, shopping mall）不太远，我九点半坐车去，十点就到了。买东西的人很多。我在商场前边等大卫。等到十点半，大卫还没有来，我就先进去了。

　　那个商场很大，东西也很多。我想买毛衣，售货员说在二层，我就上楼了。

　　这儿的毛衣很好看，也很贵。有一件毛衣我穿不长也不短。我去交钱的时候，大卫来了。他说："坐车的人太多了，我来晚了，真对不起（duìbuqǐ, to beg your pardon）。"我说："没关系。"我们就一起去看别的衣服了。

16 你看过京剧吗

HAVE YOU EVER SEEN A BEIJING OPERA

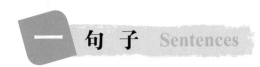

一 句子 Sentences

101
你 看 过 京 剧 吗？ Have you ever seen a Beijing opera?
Nǐ kànguo jīngjù ma?

102
我 没 看 过 京 剧。 I haven't seen a Beijing opera.
Wǒ méi kànguo jīngjù.

103
你 知 道 哪 儿 演 京 剧 吗？
Nǐ zhīdao nǎr yǎn jīngjù ma?
Do you know where Beijing opera is put on?

104
你 买 到 票 以 后 告 诉 我。
Nǐ mǎidào piào yǐhòu gàosu wǒ.
After you have bought the tickets, please let me know.

105
我 还 没 吃 过 北 京 烤 鸭 呢！
Wǒ hái méi chīguo Běijīng kǎoyā ne!
I haven't had any Beijing roast duck yet.

106
我 们 应 该 去 尝 一 尝。
Wǒmen yīnggāi qù cháng yi cháng.
We should go and have a taste of it.

107
不 行。 No, I can't. (It is not possible.)
Bù xíng.

108 有 朋 友 来 看 我 。
Yǒu péngyou lái kàn wǒ.
A friend of mine will come to see me.

二 会 话 **Conversations**

1

玛丽: 你 看 过 京 剧 吗 ？
Mǎlì: Nǐ kànguo jīngjù ma?

大卫: 没 看 过 。
Dàwèi: Méi kànguo.

玛丽: 听 说 很 有 意 思 。
Mǎlì: Tīngshuō hěn yǒu yìsi.

大卫: 我 很 想 看 ，你 呢 ？
Dàwèi: Wǒ hěn xiǎng kàn, nǐ ne?

玛丽: 我 也 很 想 看 。你 知 道 哪 儿 演 吗 ？
Mǎlì: Wǒ yě hěn xiǎng kàn. Nǐ zhīdao nǎr yǎn ma?

大卫: 人 民 剧 场 常 演 。
Dàwèi: Rénmín Jùchǎng cháng yǎn.

玛丽: 那 我 们 星 期 六 去 看 ，好 不 好 ？
Mǎlì: Nà wǒmen xīngqīliù qù kàn, hǎo bu hǎo?

大卫: 当 然 好 。今 天 我 在 网 上 买 票 。
Dàwèi: Dāngrán hǎo. Jīntiān wǒ zài wǎngshang mǎi piào.

玛丽: 买 到 票 以 后 告 诉 我 。
Mǎlì: Mǎidào piào yǐhòu gàosu wǒ.

大卫: 好 。
Dàwèi: Hǎo.

2

和子： 听 说 烤 鸭 是 北 京 的 名 菜。
Hézǐ: Tīngshuō kǎoyā shì Běijīng de míng cài.

玛丽： 我 还 没 吃 过 呢！
Mǎlì: Wǒ hái méi chīguo ne!

和子： 我 们 应 该 去 尝 一 尝。
Hézǐ: Wǒmen yīnggāi qù cháng yi cháng.

玛丽： 二 十 八 号 晚 上 我 没 事， 你 呢？
Mǎlì: Èrshíbā hào wǎnshang wǒ méi shì, nǐ ne?

和子： 不 行， 有 朋 友 来 看 我。
Hézǐ: Bù xíng, yǒu péngyou lái kàn wǒ.

玛丽： 三 十 号 晚 上 怎 么 样？
Mǎlì: Sānshí hào wǎnshang zěnmeyàng?

和子： 可 以。
Hézǐ: Kěyǐ.

三 替换与扩展 Substitution and Extension

1. 替换 Substitution

（1）你看过京剧吗？ ›› ‹‹	去	长城	喝	这种酒
	喝	那种茶	去	那个公园
	吃	那种菜	问	价钱

（2）我们应该去尝一尝烤鸭。　⟫ ⟪

| 看 | 京剧 | 问 | 老师 |
| 听 | 音乐 | 找 | 他们 |

（3）买到票以后告诉我。　⟫ ⟪

| 收 | 快递 | 买 | 词典 |
| 见 | 玛丽 | 买 | 京剧票 |

2. 扩展 Extension

（1）玛丽，快 来，有 人 找 你。
　　Mǎlì, kuài lái, yǒu rén zhǎo nǐ.

（2）A：你看杂技吗？
　　　Nǐ kàn zájì ma?

　　B：不看。昨天的练习我还没做呢。
　　　Bú kàn. Zuótiān de liànxí wǒ hái méi zuò ne.

四　生 词　New Words

1.	过	guo	助	*used after a verb to indicate the completion of an action*
2.	京剧	jīngjù	名	Beijing opera
3.	演	yǎn	动	to put on, to perform
4.	以后	yǐhòu	名	later, afterwards
5.	告诉	gàosu	动	to tell, to inform
6.	烤鸭	kǎoyā	名	roast duck
7.	应该	yīnggāi	能愿	ought to, should

8.	行	xíng	动/形	it's OK; capable
9.	有意思	yǒu yìsi		interesting
10.	当然	dāngrán	副	of course, certainly
11.	名菜	míng cài		famous dish
12.	事	shì	名	event
13.	酒	jiǔ	名	alcoholic beverage
14.	茶	chá	名	tea
15.	菜	cài	名	dish
16.	价钱	jiàqian	名	price
17.	收	shōu	动	to receive
18.	快递	kuàidì	名	express
19.	词典	cídiǎn	名	dictionary
20.	杂技	zájì	名	acrobatics
21.	练习	liànxí	名/动	exercise; to exercise

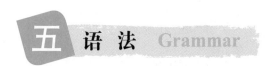

专名　Proper Noun

| 人民剧场 | Rénmín Jùchǎng | People's Theatre |

五　**语　法**　Grammar

1. 动态助词"过"　The aspect particle "过"

（1）动态助词"过"用在动词后，说明某种动作曾在过去发生。常用来强调有过这种经历。例如：

The aspect particle "过" is put after a verb to denote that an action has occurred. This particle is usually used to highlight that experience, e.g.

> ① 我去过长城。　　　　　② 我学过汉语。
>
> ③ 我没吃过烤鸭。

（2）它的反复问句形式是"……过……没有"。例如：

Its affirmative-negative question is in the form of "……过……没有", e.g.

> ④ 你去过那个咖啡馆没有？　　　⑤ 你看过那个电影没有？

（3）连动句里要表示过去的经历时，"过"一般放在第二个动词之后。例如：

To express a past experience in the sentence with verbal constructions in series, one normally puts "过" after the second verb, e.g.

> ⑥ 我去那个饭店吃过饭。

2. 无主句　The sentence without a subject

绝大部分句子都由主语、谓语两部分组成。也有一些句子只有谓语没有主语，这种句子叫无主句。例如：

Most sentences are made up of two parts, the subject and the predicate. But there are a number of sentences that lack the subject. Such a sentence is called the sentence without a subject, e.g.

> ① 有人找你。　　　　　② 有人请你看电影。

3. "还没（有）……呢"　The expression "还没（有）……呢"

表示一个动作现在还未发生或尚未完成。例如：

It denotes that an action has not taken place or completed up to now, e.g.

> ① 他还没（有）来呢。　　　② 这件事我还不知道呢。
>
> ③ 我还没吃过烤鸭呢。

六 练 习 Exercises

1. 用"了"或"过"完成句子 Complete the following sentences with "了" or "过"

（1）听说中国的杂技很有意思，我还 _____。

（2）昨天我 _____。这个电影很好。

（3）他不在，他去 _____。

（4）你看 _____ 吗？听说很好。

（5）你 _____？这种酒不太好喝。

2. 用"了"或"过"回答问题 Answer the following questions with "了" or "过"

（1）你来过中国吗？来中国以后，你去过什么地方？

（2）来中国以后，你给家里打过电话吗？

（3）昨天晚上你做什么了？看电视了吗？

（4）你常听录音吗？昨天听录音了没有？

3. 判断正误 Judge whether the following statements are correct or not

（1）我没找到那个本子。　（　）　（2）你看过没有京剧？　（　）

　　我没找到那个本子了。（　）　　　你看过京剧没有？　（　）

（3）玛丽不去过那个书店。（　）　（4）我还没吃过午饭呢。（　）

　　玛丽没去过那个书店。（　）　　　我还没吃午饭呢。　（　）

4. 把下列句子改成否定句 Change the following sentences into the negative forms

（1）我找到那个本子了。 ➡ _____

（2）我看过京剧。 ➡ _____

（3）他学过这个汉字。　➡ _____

（4）我吃过这种菜。　➡ _____

（5）玛丽去过那个书店。➡ _____

5. 听后复述　Listen and retell

　　以前（yǐqián, before）我没看过中国的杂技，昨天晚上我看了。中国杂技很有意思，以后我还想看。

　　我也没吃过中国菜。小王说他会做中国菜，星期六请我吃。

6. 语音练习　Phonetic drills

（1）读下列词语：第三声 + 第三声　Read the following words: 3rd tone + 3rd tone

yǒuhǎo	（友好）	wǎn diǎn	（晚点）
yǔfǎ	（语法）	liǎojiě	（了解）
zhǎnlǎn	（展览）	hěn duǎn	（很短）
hǎishuǐ	（海水）	gǔdiǎn	（古典）
guǎngchǎng	（广场）	yǒngyuǎn	（永远）

（2）常用音节练习　Drills on the frequently used syllables

guo
- guójì （国际）
- shuǐguǒ （水果）
- guòqù （过去）
- chīguo （吃过）

shang
- shāngdiàn （商店）
- xīnshǎng （欣赏）
- Shànghǎi （上海）
- chē shang （车上）

17 去动物园

GOING TO THE ZOO

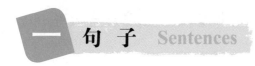

一 句子 Sentences

109 这 两 天 天 气 很 好。①
Zhè liǎng tiān tiānqì hěn hǎo.
The weather has been fine in the last two days.

110 我 们 出 去 玩 儿 玩 儿 吧。Let's go for an outing.
Wǒmen chūqu wánr wánr ba.

111 去 哪 儿 玩 儿 好 呢？ Where shall we go for an outing?
Qù nǎr wánr hǎo ne?

112 去 北 海 公 园，看 看 花 儿，划 划 船。
Qù Běihǎi Gōngyuán, kànkan huār, huáhua chuán.
Let's go to the Beihai Park to look at the flowers and go boating.

113 骑 自 行 车 去 吧。Les't go by bike.
Qí zìxíngchē qù ba.

114 今 天 天 气 多 好 啊！ What a fine day today!
Jīntiān tiānqì duō hǎo a!

115 他 上 午 到 还 是 下 午 到？
Tā shàngwǔ dào háishi xiàwǔ dào?
When will he arrive, in the morning or in the afternoon?

116 我 跟 你 一 起 去。I'll go with you.
Wǒ gēn nǐ yìqǐ qù.

二 会 话 Conversations

1

张丽英: 这 两 天 天气 很 好， 我们 出去 玩儿
Zhāng Lìyīng: Zhè liǎng tiān tiānqì hěn hǎo, wǒmen chūqu wánr

玩儿 吧。
wánr ba.

和子: 去 哪儿 玩儿 好 呢？
Hézǐ: Qù nǎr wánr hǎo ne?

张丽英: 去 北海 公园， 看看 花儿， 划划 船，
Zhāng Lìyīng: Qù Běihǎi Gōngyuán, kànkan huār, huáhua chuán,

多 好 啊！
duō hǎo a!

和子: 上 星期 我 去 过 了， 去 别 的 地方 吧。
Hézǐ: Shàng xīngqī wǒ qùguo le, qù bié de dìfang ba.

张丽英: 去 动 物 园 怎 么 样？
Zhāng Lìyīng: Qù dòngwùyuán zěnmeyàng?

和子: 行， 还 可 以 看 看
Hézǐ: Xíng, hái kěyǐ kànkan

大 熊 猫 呢。
dàxióngmāo ne.

张丽英: 我 们 怎 么 去？
Zhāng Lìyīng: Wǒmen zěnme qù?

和子: 骑 自 行 车 去 吧。
Hézǐ: Qí zìxíngchē qù ba.

2

和子： 你 认 识 李 成 日 吗？
Hézǐ: Nǐ rènshi Lǐ Chéngrì ma?

刘京： 当 然 认 识。 去 年 他 在 这 儿 学 过 汉 语。
Liú Jīng: Dāngrán rènshi. Qùnián tā zài zhèr xuéguo Hànyǔ.

和子： 你 知 道 吗？ 明 天 他 来 北 京。
Hézǐ: Nǐ zhīdao ma? Míngtiān tā lái Běijīng.

刘京： 不 知 道。 他 上 午 到 还 是 下 午 到？
Liú Jīng: Bù zhīdao. Tā shàngwǔ dào háishi xiàwǔ dào?

和子： 下 午 两 点， 我 去 机 场 接 他。
Hézǐ: Xiàwǔ liǎng diǎn, wǒ qù jīchǎng jiē tā.

刘京： 明 天 下 午 没 有 课， 我 跟 你 一 起 去。
Liú Jīng: Míngtiān xiàwǔ méiyǒu kè, wǒ gēn nǐ yìqǐ qù.

和子： 好 的。
Hézǐ: Hǎo de.

刘京： 什 么 时 候 去？
Liú Jīng: Shénme shíhou qù?

和子： 一 点 吧。
Hézǐ: Yī diǎn ba.

注释 Note

❶ 这两天天气很好。 The weather has been fine in the last two days.

"这两天" 是表示 "最近" 的意思。"两" 在这里表示概数。
"这两天" means "recently". "两" here is only an approximate number.

替换与扩展 Substitution and Extension

1. 替换 Substitution

（1）这两天<u>天气很好</u>。 ▶▶◀◀

我没事	他很忙
小王身体不好	
他们有考试	
坐地铁的人很多	

（2）看看花儿，划划船，
多<u>好</u>啊！ ▶▶◀◀

有意思	高兴

（3）他<u>上午</u>到还是<u>下午</u>到？ ▶▶◀◀

今天	明天
下星期	这个星期
早上八点	晚上八点

2. 扩展 Extension

（1）A： 玛丽在哪儿？
Mǎlì zài nǎr?

B： 在楼上，你上去找她吧。
Zài lóu shang, nǐ shàngqu zhǎo tā ba.

（2）A： 去动物园哪条路近？
Qù dòngwùyuán nǎ tiáo lù jìn?

B： 这条路最近。
Zhè tiáo lù zuì jìn.

四 生 词 New Words

1.	天气	tiānqì	名	weather
2.	出去	chūqu		to go out
3.	划	huá	动	to row
4.	船	chuán	名	boat
5.	骑	qí	动	to ride
6.	自行车	zìxíngchē	名	bicycle
7.	啊	a	助	*attached to the end of a sentence to indicate admiration*
8.	还是	háishi	连	or
9.	跟	gēn	介	and, with
10.	上	shàng	名	last
11.	动物园	dòngwùyuán	名	zoo
12.	大熊猫	dàxióngmāo	名	panda
13.	去年	qùnián	名	last year
14.	学	xué	动	to study
15.	机场	jīchǎng	名	airport
16.	接	jiē	动	to meet
17.	考试	kǎo shì		to give or take an examination
18.	下	xià	名	next
19.	条	tiáo	量	*a measure word for long and thin things*
20.	最	zuì	副	most

五 语法 Grammar

1. 选择疑问句 The alternative question

用连词"还是"连接两种可能的答案，由回答的人选择其一，这种疑问句叫选择疑问句。例如：

A question with two possible answers joined by the conjunction "还是" for the replier to choose from is called the alternative question, e.g.

> ① 你上午去还是下午去？ ② 你喝咖啡还是喝茶？
>
> ③ 你一个人去还是跟朋友一起去？

2. 表示动作方式的连动句 The sentence with verbal constructions in series showing the manner of an action

这种连动句中前一个动词或动词短语表示动作的方式。例如：

In a sentence with verbal constructions in series, the first verb or verb phrase shows the manner of an action, e.g.

> 坐车去机场   骑自行车去

3. 趋向补语（1） The complement of direction (1)

一些动词后边常用"来""去"作补语，表示动作的趋向，这种补语叫趋向补语。动作如果向着说话人就用"来"，与之相反的就用"去"。例如：

"来" or "去" is often used after a number of verbs as a complement to show the direction of an action and is known as a complement of direction. If the action is in the direction towards the speaker, "来" is used; however, if the opposite is the case, "去" is used, e.g.

> ① 上课了，快进来吧。（说话人在里边）
>
> ② 他不在家，出去了。（说话人在家里）
>
> ③ 玛丽，快下来！（说话人在楼下，玛丽在楼上）

六 练 习 Exercises

1. 给下面的词配上适当的宾语并造句 Match the following words with proper objects and make sentences with each of them

坐 _____ 划 _____ 骑 _____ 演 _____

拿 _____ 换 _____ 穿 _____ 打 _____

2. 看图说话（用上趋向动词"来""去"） Talk about the pictures (using the directional verb "来" and "去")

（1）大卫说："你 _____ 吧。"

玛丽说："你 _____ 吧。"

（2）A： _____ 。

B： _____ 。

C： _____ 。

3. 根据所给内容，用"还是"提问 Raise questions with "还是" on the basis of the given content

例 Example 六点半起床 七点起床 ➡ 你六点半起床还是七点起床？

（1）去北海公园 去动物园 ➡ _____

（2）看电影 看杂技 ➡ _____

（3）坐车去　　骑自行车去 ➡ _____

（4）你去机场　　他去机场 ➡ _____

（5）今年回国　　明年回国 ➡ _____

4. 听后复述　Listen and retell

　　王兰告诉我，离我们学校不远有一个果园（guǒyuán, orchard）。那个果园有很多水果（shuǐguǒ, fruit），可以看，可以吃，也可以买。我们应该去看看。我们想星期天去。我们骑自行车去。

5. 语音练习　Phonetic drills

（1）读下列词语：第三声 + 第四声　Read the following words: 3rd tone + 4th tone

gǎnxiè	（感谢）	kǎo shì	（考试）
yǒuyì	（友谊）	wǎnfàn	（晚饭）
qǐng zuò	（请坐）	zěnyàng	（怎样）
mǎlù	（马路）	fǎngwèn	（访问）
mǎidào	（买到）	yǒu shì	（有事）

（2）常用音节练习　Drills on the frequently used syllables

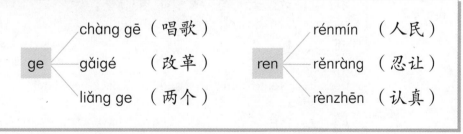

ge ── chàng gē（唱歌）
　　── gǎigé（改革）
　　── liǎng ge（两个）

ren ── rénmín（人民）
　　── rěnràng（忍让）
　　── rènzhēn（认真）

18 路上辛苦了
DID YOU HAVE A TIRING TRIP

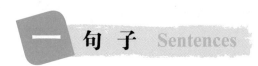
一 **句 子** Sentences

117
从 东 京 来 的 飞机 到 了 吗？
Cóng Dōngjīng lái de fēijī dào le ma?
Has the plane from Tokyo arrived?

118
飞机 晚 点 了 。 The plane is behind schedule.
Fēijī wǎn diǎn le.

119
飞机 快要 起飞 了 。 The plane is about to take off.
Fēijī kuài yào qǐfēi le.

120
飞机 大概 三 点 半 能 到 。
Fēijī dàgài sān diǎn bàn néng dào.
The plane may arrive around 3:30.

121
我 们 先 去 喝 点 儿 咖啡，一 会 儿
Wǒmen xiān qù hē diǎnr kāfēi, yíhuìr
再 来 这 儿 吧 。
zài lái zhèr ba.
Let's have some coffee first and come back here later.

122
路 上 辛 苦 了 。 Did you have a tiring trip?
Lùshang xīnkǔ le.

123
你 怎 么 知 道 我 要 来 ？
Nǐ zěnme zhīdao wǒ yào lái?
How did you know I would come?

124 | 是 和 子 告 诉 我 的 。　Kazuko told me about that.
Shì Hézǐ gàosu wǒ de.

二 会 话 Conversations

1

和子：从 东 京 来 的 飞 机 到 了 吗？
Hézǐ: Cóng Dōngjīng lái de fēijī dào le ma?

服务员：还 没 到 。
Fúwùyuán: Hái méi dào.

和子：为 什 么？
Hézǐ: Wèi shénme?

服务员：晚 点 了 。 飞 机 现 在 在 上 海 。
Fúwùyuán: Wǎn diǎn le. Fēijī xiànzài zài Shànghǎi.

和子：起 飞 了 吗？
Hézǐ: Qǐfēi le ma?

服务员：快 要 起 飞 了 。
Fúwùyuán: Kuài yào qǐfēi le.

和子：什 么 时 候 能 到？
Hézǐ: Shénme shíhou néng dào?

服务员：大 概 三 点 半 能 到 。
Fúwùyuán: Dàgài sān diǎn bàn néng dào.

和子：刘 京 ， 我 们 先 去 喝 点 儿 咖 啡 ，
Hézǐ: Liú Jīng, wǒmen xiān qù hē diǎnr kāfēi,

一 会 儿 再 来 这 儿 吧 。
yíhuìr zài lái zhèr ba.

2

和子：你看，李成日来了。
Hézǐ: Nǐ kàn, Lǐ Chéngrì lái le.

刘京：你好！路上辛苦了。
Liú Jīng: Nǐ hǎo! Lùshang xīnkǔ le.

李成日：你们好！刘京，你怎么知道我要来？
Lǐ Chéngrì: Nǐmen hǎo! Liú Jīng, nǐ zěnme zhīdao wǒ yào lái?

刘京：是和子告诉我的。
Liú Jīng: Shì Hézǐ gàosu wǒ de.

李成日：感谢你们来接我。
Lǐ Chéngrì: Gǎnxiè nǐmen lái jiē wǒ.

和子：我们出去吧！
Hézǐ: Wǒmen chūqu ba!

李成日：等一等，还有贸易
Lǐ Chéngrì: Děng yi děng, hái yǒu màoyì

公司的人接我呢。
gōngsī de rén jiē wǒ ne.

刘京：好，我们在这儿等你。
Liú Jīng: Hǎo, wǒmen zài zhèr děng nǐ.

三 替换与扩展 Substitution and Extension

 替换 Substitution

（1）快要<u>起飞</u>了。　　⟫⟪

上课	考试
开车	毕业

（2）我们先去<u>喝</u>点儿<u>咖啡</u>，
一会儿再<u>来这儿</u>吧。

>>> <<<

换	钱	买饮料
吃	东西	照相
喝	啤酒	看电影

（3）是<u>和子</u>告诉<u>我</u>的。

>>> <<<

| 刘经理 | 王兰 |
| 那个留学生 | 他哥哥 |

2. 扩展 Extension

（1）A：他 是 怎么 来 的？
　　　Tā shì zěnme lái de?

　　B：他 （是） 坐 出租车 来 的。
　　　Tā (shì) zuò chūzūchē lái de.

（2）火 车 要 开 了, 快 上 去 吧。
　　Huǒchē yào kāi le, kuài shàngqu ba.

四 生 词 New Words

1.	从	cóng	介	from
2.	飞机	fēijī	名	airplane
3.	晚点	wǎn diǎn		to be late, to be behind schedule
4.	要……了	yào……le		to be about to, to be going to
5.	起飞	qǐfēi	动	to take off
6.	大概	dàgài	副	around, about

7.	先	xiān	副	first
8.	咖啡	kāfēi	名	coffee
9.	辛苦	xīnkǔ	形	tired
10.	服务员	fúwùyuán	名	assistant, attendant
11.	为什么	wèi shénme		why
12.	一会儿	yíhuìr	数量	in a moment
13.	感谢	gǎnxiè	动	to thank
14.	贸易	màoyì	名	trade
15.	开	kāi	动	to drive
16.	毕业	bì yè		to graduate
17.	饮料	yǐnliào	名	drink
18.	啤酒	píjiǔ	名	beer
19.	出租车	chūzūchē	名	taxi
20.	火车	huǒchē	名	train

五 语 法 Grammar

1. "要……了" The expression "要……了"

（1）"要……了"句式表示一个动作或情况很快就要发生。副词"要"表示将要，放在动词或形容词前，句尾加语气助词"了"。"要"前还可加上"就"或"快"，表示时间紧迫。例如：

The construction "要……了" indicates that an action or a state of affairs is about to happen. The adverb "要", which means that something is going to happen in the immediate future, is put before a verb or an adjective, while the modal particle "了" is placed at the end of the sentence. One may put "就" or "快" before "要" to stress urgency, e.g.

① 火车要开了。　　② 他就要来了。

③ 快要到北京了。

（2）"就要……了"前边可以加时间状语，"快要……了"不行。例如"他明天就要走了"，不能说"他明天快要走了"。

One may put an adverbial of time before "就要……了", but not before "快要……了", e.g. "他明天就要走了" is correct, but "他明天快要走了" is not.

2. "是……的"　The expression "是……的"

（1）"是……的"句可用来强调说明已经发生的动作的时间、地点、方式等。"是"放在被强调说明的部分之前，有时可以省略。"的"放在句尾。例如：

The sentence with the "是……的" construction is used to stress when, where or how the action occurred in the past. "是" may be put before the stressed part or sometimes omitted, with "的" at the end of the sentence, e.g.

① 他（是）昨天来的。　　② 你（是）在哪儿买的？

③ 我（是）坐飞机来的。

（2）"是……的"句有时也可强调动作的施事。例如：

The sentence with the "是……的" construction may be used sometimes to highlight the agent of an action, e.g.

④ （是）她告诉我的。

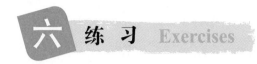

练习 Exercises

1. 用"要……了""快要……了"或"就要……了"改写句子 Rewrite the following sentences with "要……了""快要……了" or "就要……了"

例 Example 现在是十月，你应该买毛衣了。

　　　➡ 天气（快）要冷了，你应该买毛衣了。

（1）八点上课，现在七点五十了，我们快走吧。

　　　➡ _____

（2）你再等等，他很快就来。

　　　➡ _____

（3）李成日明天回国，我们去看看他吧。

　　　➡ _____

（4）饭很快就做好了，你们在这儿吃吧。

　　　➡ _____

2. 用"（是）……的"完成对话 Complete the following conversations with "（是）……的"

（1）A：这种橘子真好吃，_____？

　　　B：是在旁边的商店_____。

（2）A：你给玛丽打电话了吗？

　　　B：打了。我是昨天晚上_____。

　　　A：她知道开车的时间了吗？

　　　B：她昨天上午就知道了。

　　　A：_____？

　　　B：是刘京告诉她的。

3. 看图用"是……的"句说句子 Make the sentences with the "是……的" construction according to the pictures

（1）骑自行车　　　来　　　（2）食堂　　　吃

（3）上课　　　8点　　　（4）睡觉　　　晚上

4. 按照实际情况回答问题 Answer the questions according to the actual situations

（1）你从哪儿来？你是怎么来的？

（2）你为什么来中国？

5. 听后复述 Listen and retell

　　我从法国来，我是坐飞机来的。我在北京语言大学学习汉语。在法国我没学过汉语，我不会说汉语，也不会写汉字。现在我会说一点儿了，我很高兴。我应该感谢我们的老师。

6. 语音练习 Phonetic drills

(1) 读下列词语：第三声＋轻声　Read the following words: 3rd tone + neutral tone

zěnme	（怎么）	wǎnshang	（晚上）
xǐhuan	（喜欢）	jiǎozi	（饺子）
zǎoshang	（早上）	sǎngzi	（嗓子）
jiějie	（姐姐）	nǎinai	（奶奶）
shǒu shang	（手上）	běnzi	（本子）

(2) 常用音节练习　Drills on the frequently used syllables

he
- hē jiǔ （喝酒）
- hépíng （和平）
- zhùhè （祝贺）
- suíhe （随和）

wei
- wēixiǎn （危险）
- zhōuwéi （周围）
- wěidà （伟大）
- wèi shénme （为什么）

19 欢迎你

YOU ARE WELCOME

一 **句 子** Sentences

125 别 客 气 。 Not at all.
Bié kèqi.

126 一 点 儿 也 不 累 。 Not tired at all.
Yìdiǎnr yě bú lèi.

127 您 第 一 次 来 中 国 吗？ Is this your first visit to China?
Nín dì-yī cì lái Zhōngguó ma?

128 我 以 前 来 过（中 国）两 次 。
Wǒ yǐqián láiguo (Zhōngguó) liǎng cì.
I have been to China twice.

129 这 是 我 们 经 理 给 您 的 礼 物 。
Zhè shì wǒmen jīnglǐ gěi nín de lǐwù.
Here is a gift for you from our manager.

130 他 问 您 好 。 He sent his regards to you.
Tā wèn nín hǎo.

131 我 们 在 北 京 饭 店 请 您 吃 晚 饭 。
Wǒmen zài Běijīng Fàndiàn qǐng nín chī wǎnfàn.
We invite you to dinner at Beijing Hotel this evening.

132 我 从 朋 友 那 儿 去 饭 店 。
Wǒ cóng péngyou nàr qù fàndiàn.
I'll go to the hotel from my friends' place.

二 会话 Conversations

1

王：您 好，李 先 生！我 是 王 大 年，公 司 的
Wáng: Nín hǎo, Lǐ xiānsheng! Wǒ shì Wáng Dànián, gōngsī de

翻译。
fānyì.

李：谢 谢 您 来 接 我。
Lǐ: Xièxie nín lái jiē wǒ.

王：别 客 气。路 上 辛 苦 了。累 了 吧？
Wáng: Bié kèqi. Lùshang xīnkǔ le. Lèi le ba?

李：一 点 儿 也 不 累，很 顺 利。
Lǐ: Yìdiǎnr yě bú lèi, hěn shùnlì.

王：汽 车 在 外 边，我 们 送 您 去 饭 店。
Wáng: Qìchē zài wàibian, wǒmen sòng nín qù fàndiàn.

李：我 还 有 两 个 朋 友。
Lǐ: Wǒ hái yǒu liǎng ge péngyou.

王：那 一 起 走 吧。
Wáng: Nà yìqǐ zǒu ba.

李：谢 谢！
Lǐ: Xièxie!

2

经理： 欢 迎 您， 李 先 生！
Jīnglǐ: Huānyíng nín, Lǐ xiānsheng!

李： 谢 谢！
Lǐ: Xièxie!

经理： 您 第 一 次 来 中 国 吗？
Jīnglǐ: Nín dì-yī cì lái Zhōngguó ma?

李： 不，我 以 前 来 过 两 次。这 是 我 们 经 理 给 您 的 礼 物。
Lǐ: Bù, wǒ yǐqián láiguo liǎng cì. Zhè shì wǒmen jīnglǐ gěi nín de lǐwù.

经理： 麻 烦 您 了。
Jīnglǐ: Máfan nín le.

李： 他 问 您 好。
Lǐ: Tā wèn nín hǎo.

经理： 谢 谢。今 天 我 们 在 北 京 饭 店 请 您 吃 晚 饭。
Jīnglǐ: Xièxie. Jīntiān wǒmen zài Běijīng Fàndiàn qǐng nín chī wǎnfàn.

李： 您 太 客 气 了，真 不 好 意 思。
Lǐ: Nín tài kèqi le, zhēn bù hǎoyìsi.

经理： 您 有 时 间 吗？
Jīnglǐ: Nín yǒu shíjiān ma?

李： 下 午 我 去 朋 友 那 儿，晚 上 没 事。
Lǐ: Xiàwǔ wǒ qù péngyou nàr, wǎnshang méi shì.

经理： 我 们 去 接 您。
Jīnglǐ: Wǒmen qù jiē nín.

李： 不 用 了，我 可 以 打 车 从 朋 友 那 儿 去。
Lǐ: Búyòng le, wǒ kěyǐ dǎ chē cóng péngyou nàr qù.

三 替换与扩展 Substitution and Extension

1. 替换 Substitution

（1）<u>一点儿</u>也<u>不累</u>。 ▷▷◁◁

一点儿	不热
一点儿	不慢
一样东西	没买
一分钟	没休息

（2）这是<u>我们经理</u> <u>给您</u>的 <u>礼物</u>。 ▷▷◁◁

我姐姐	给我	笔
他哥哥	送你	花儿
我朋友	给我	花儿

（3）A：您第一次<u>来中国</u>吗？ ▷▷◁◁
　　 B：不，我以前<u>来</u>过两次。

吃烤鸭	吃
看京剧	看
来我们学校	来

2. 扩展 Extension

（1）这 次 我 来 北 京 很 顺 利。
　　 Zhè cì wǒ lái Běijīng hěn shùnlì.

（2）我 寄 给 你 的 快 递 收 到 了 吗？
　　 Wǒ jì gěi nǐ de kuàidì shōudào le ma?

（3）我 来 中 国 的 时 候 一 句 汉 语 也 不 会 说。
　　 Wǒ lái Zhōngguó de shíhou yí jù Hànyǔ yě bú huì shuō.

四 生 词 New Words

1.	别	bié	副	do not..., not to
2.	客气	kèqi	形	polite
3.	第	dì		*used to form ordinal numbers*
4.	次	cì	量	occurrence, time
5.	经理	jīnglǐ	名	manager
6.	礼物	lǐwù	名	gift, present
7.	先生	xiānsheng	名	mister
8.	翻译	fānyì	名/动	interpreter; to translate
9.	顺利	shùnlì	形	without a hitch, smooth going
10.	外边	wàibian	名	outside
11.	送	sòng	动	to send
12.	以前	yǐqián	名	before
13.	麻烦	máfan	动/形/名	to bother; troublesome; trouble
14.	不好意思	bù hǎoyìsi		embarrassed
15.	不用	búyòng	副	don't bother
16.	打车	dǎ chē		to go by taxi, to take a taxi
17.	热	rè	形	hot, warm
18.	慢	màn	形	slow
19.	分钟	fēnzhōng	名	minute
20.	寄	jì	动	to mail
21.	句	jù	量	sentence

五 语 法 Grammar

1. "从""在"的宾语与"这儿""那儿" The objects of "从" and "在" with "这儿" and "那儿"

"从""在"的宾语如果是一个指人的名词或代词,必须在它后边加"这儿"或"那儿"才能表示处所。例如:

If the object of "从" or "在" is a noun or pronoun indicating a person, it is necessary to add "这儿" or "那儿" after it to indicate place, e.g.

① 他从我这儿去书店。 ② 我从张大夫那儿来。

③ 我妹妹在玛丽那儿玩儿。 ④ 我的笔在他那儿。

2. 动量补语 The complement of frequency

（1）动量词和数词结合,放在动词后边,说明动作发生的次数,构成动量补语。例如:

A complement of frequency, which denotes the number of times an action takes place, is formed by putting after a verb a compound consisting of a numeral and a measure word for action, e.g.

① 他来过一次。 ② 我找过他两次,他都不在。

（2）"一下儿"作动量补语,除了可以表示动作的次数外,也可以表示动作经历的时间短暂,并带有轻松随便的意味。例如:

"一下儿" as a complement of frequency denotes not only the frequency of an action, but also the short duration of that action. Moreover, it usually carries a casual undertone, e.g.

③ 给你们介绍一下儿。 ④ 你帮我拿一下儿。

3. 动词、动词短语、主谓短语等作定语 A verb, verb phrase or subject-predicate phrase as an attributive

动词、动词短语、主谓短语、介词短语作定语时，必须加"的"。例如：

A verb, verb phrase, subject-object phrase or prepositional phrase, if used as an attributive, must take "的", e.g.

> ① 来的人很多。　　　　　② 学习汉语的学生不少。
>
> ③ 这是经理给您的信。　　④ 从东京来的飞机下午到。

六 练习 Exercises

1. 用下列动词造句 Make sentences with the following verbs

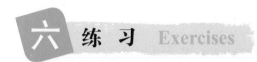

> 接　　送　　给　　收　　换

2. 给词语选择适当的位置（有的在A在B都行） Insert the given words into the following sentences at suitable places (some can be at either A or B)

（1）我坐过 A 11 路汽车 B。　　　　　　（两次）

（2）她去过 A 上海 B。　　　　　　　　（三次）

（3）动物园我 A 去过 B。　　　　　　　（两次）

（4）我哥哥的孩子吃过 A 烤鸭 B。　　　　（一次）

（5）你帮我 A 拿 B。　　　　　　　　　（一下儿）

3. 用"一……也……"改写句子 Rewrite the following sentences with "一……也……"

例 Example 我没休息。（天）➡ 我一天也没休息。

（1）今天我没喝啤酒。（瓶）　　　➡ _____

（2）我没去过动物园。（次）　　　➡ _____

（3）在北京他没骑过自行车。（次）➡ _____

（4）今天我没带钱。（分）　　　　➡ _____

（5）他不认识汉字。（个）　　　　➡ _____

4. 按照实际情况回答问题 Answer the following questions according to the actual situations

（1）你来过中国吗？现在是第几次来？

（2）这本书有多少课？这是第几课？

（3）你一天上几节（jié, period）课？现在是第几节课？

（4）你们宿舍楼有几层？你住在几层？

5. 情景会话 Situational dialogues

（1）去机场接朋友。

To meet a friend at the airport.

提示：问候路上怎么样；告诉他/她现在去哪儿、这几天做什么等。

Suggested points: Ask about the trip; Tell him/her where to go now and what to do in the next few days.

（2）去火车站接朋友，火车晚点了。

To meet a friend at the railway station, where the train is late.

提示：问为什么还没到、什么时候能到等。
Suggested points: Ask why it is late and when it will arrive.

6. 听后复述　Listen and retell

　　上星期五我去大同（Dàtóng, *a place in Shanxi Province*）了。我是坐火车去的，今天早上回来的。我第一次去大同。我很喜欢这个地方。

　　从北京到大同很近。坐高铁去大概要两个小时（xiǎoshí, hour）。现在去，不冷也不热。下星期你也去吧。

7. 语音练习　Phonetic drills

（1）读下列词语：第四声＋第一声　Read the following words: 4th tone + 1st tone

qìchē	（汽车）	lùyīn	（录音）
dàyī	（大衣）	chàng gē	（唱歌）
diàndēng	（电灯）	dàjiā	（大家）
hùxiāng	（互相）	hòutiān	（后天）

(2) 常用音节练习　Drills on the frequently used syllables

	yēzi	（椰子）		qiānwàn	（千万）
	yéye	（爷爷）		qiánbian	（前边）
ye			qian		
	yuányě	（原野）		qiǎnxiǎn	（浅显）
	shùyè	（树叶）		dào qiàn	（道歉）

20 为我们的友谊干杯

LET'S HAVE A TOAST TO OUR FRIENDSHIP

一 句 子 Sentences

133 | 请 这 儿 坐 。 Please take a seat here.
Qǐng zhèr zuò.

134 | 我 过 得 很 愉 快 。 I really had a good time.
Wǒ guò de hěn yúkuài.

135 | 您 喜 欢 喝 什 么 酒 ？
Nín xǐhuan hē shénme jiǔ?
What kind of wine would you like to drink?

136 | 为 我 们 的 友 谊 干 杯 ！①
Wèi wǒmen de yǒuyì gān bēi!
Let's have a toast to our friendship!

137 | 这 个 鱼 做 得 真 好 吃 。 The fish is very delicious.
Zhège yú zuò de zhēn hǎochī.

138 | 你 们 别 客 气 , 像 在 家 一 样 。
Nǐmen bié kèqi, xiàng zài jiā yíyàng.
Please make yourself at home.

139 | 我 做 菜 做 得 不 好 。 I am not good at cooking.
Wǒ zuò cài zuò de bù hǎo.

140 | 你 们 慢 慢 吃 。② Take your time (eating).
Nǐmen mànmàn chī.

二 会话 Conversations

1

翻译：李 先 生，请 这儿 坐。
Fānyì: Lǐ xiānsheng, qǐng zhèr zuò.

李：谢谢！
Lǐ: Xièxie!

经理：这 两 天 过 得 怎么样？
Jīnglǐ: Zhè liǎng tiān guò de zěnmeyàng?

李：过 得 很 愉 快。
Lǐ: Guò de hěn yúkuài.

翻译：您 喜欢 喝 什么 酒？
Fānyì: Nín xǐhuan hē shénme jiǔ?

李：啤酒 吧。
Lǐ: Píjiǔ ba.

经理：您 尝 尝 这个 菜 怎么样。
Jīnglǐ: Nín chángchang zhège cài zěnmeyàng.

李：很 好 吃。
Lǐ: Hěn hǎochī.

经理：吃 啊，别 客气。
Jīnglǐ: Chī a, bié kèqi.

李：不 客气。
Lǐ: Bú kèqi.

经理：来，为 我们 的 友谊 干 杯！
Jīnglǐ: Lái, wèi wǒmen de yǒuyì gān bēi!

李：为大家的健康干杯！
Lǐ: Wèi dàjiā de jiànkāng gān bēi!

翻译：干 杯！
Fānyì: Gān bēi!

2

刘京：我们先喝酒吧。
Liú Jīng: Wǒmen xiān hē jiǔ ba.

李成日：这个鱼做得真好吃。
Lǐ Chéngrì: Zhège yú zuò de zhēn hǎochī.

刘京妈妈：你们别客气，像在家一样。
Liú Jīng māma: Nǐmen bié kèqi, xiàng zài jiā yíyàng.

李成日：我们不客气。
Lǐ Chéngrì: Wǒmen bú kèqi.

刘京妈妈：吃饺子吧。
Liú Jīng māma: Chī jiǎozi ba.

和子：我最喜欢吃饺子了。
Hézǐ: Wǒ zuì xǐhuan chī jiǎozi le.

刘京：听说你很会做日本菜。
Liú Jīng: Tīngshuō nǐ hěn huì zuò Rìběncài.

和子：哪儿啊，③我做得不好。
Hézǐ: Nǎr a, wǒ zuò de bù hǎo.

刘京：你怎么不吃了？
Liú Jīng: Nǐ zěnme bù chī le?

和子：吃饱了。你们慢慢吃。
Hézǐ: Chī bǎo le. Nǐmen mànmàn chī.

注释　Notes

① **为我们的友谊干杯!** Let's have a toast to our friendship!

介词"为"用来说明动作的目的，必须放在动词前边。
The preposition "为" should be put before a verb to indicate the purpose of an action.

② **你们慢慢吃。** Take your time (eating).

这是客套话。自己吃完而别人还未吃完，就说"慢慢吃"或"慢用"。
As a polite expression, "慢慢吃" or "慢用" is used when one has finished eating while others have not.

③ **哪儿啊。** No.

"哪儿啊"表示否定的意思。常用来回答别人的夸奖，表示自己没有对方说的那么好。
"哪儿啊" is a polite denial here. When used as a reply, it usually denotes that one is not worthy of the praise.

三 替换与扩展 Substitution and Extension

1. 替换 Substitution

(1) 我 过得很愉快。

我们	生活	好
他	说	快
张先生	休息	不错
大卫	睡	晚

(2) 这个鱼做得真好吃。

件	衣服	洗	干净
张	照片	照	好
辆	汽车	开	快

做	饺子	好吃
写	汉字	好看
翻译	生词	快

（3）我做菜做得不好。　▶◀

2. 扩展 Extension

（1）他 汉 语 说 得 真 好，像 中 国 人 一 样。
Tā　Hànyǔ　shuō de zhēn hǎo, xiàng Zhōngguórén　yíyàng.

（2）你 说 得 太 快，我 没 听 懂，请 你 说 得 慢
Nǐ shuō de　tài kuài, wǒ méi tīngdǒng, qǐng nǐ shuō de màn
一点儿。
yìdiǎnr.

四　生 词　New Words

1.	过	guò	动	to spend, to pass
2.	得	de	助	*used after a verb or an adjective to introduce a complement of result or state*
3.	愉快	yúkuài	形	enjoyable, happy
4.	喜欢	xǐhuan	动	to like, to enjoy
5.	为……干杯	wèi……gān bēi		to have a toast to
6.	友谊	yǒuyì	名	friendship
7.	鱼	yú	名	fish
8.	像	xiàng	动	to resemble
9.	一样	yíyàng	形	same, similar

10.	大家	dàjiā	代	everybody, everyone
11.	健康	jiànkāng	形	healthy, in good heath
12.	饺子	jiǎozi	名	dumpling
13.	饱	bǎo	形	full
14.	生活	shēnghuó	动/名	to live, to lead a life; life
15.	睡	shuì	动	to sleep
16.	晚	wǎn	形	late
17.	洗	xǐ	动	to wash
18.	干净	gānjìng	形	clean
19.	照片	zhàopiàn	名	photo
20.	辆	liàng	量	*a measure word for vehicles*

五 语 法 Grammar

1. 状态补语 The complement of state

（1）表示动作状态的补语，叫状态补语。简单的状态补语一般由形容词充任。动词和状态补语之间要用结构助词"得"来连接。

A complement that indicate the state of an action is called the complement of state. A simple complement of state is usually made up of an adjective. The verb and its complement are connected by the structural particle " 得 ".

> ① 我们休息得很好。
>
> ② 玛丽、大卫他们玩儿得很愉快。

（2）状态补语的否定式是在补语的前边加否定副词"不"。注意："不"不能放在动词的前边。例如：

Its negative form is realized by putting the negative adverb "不" in front of the complement. Take care not to put "不" before the verb, e.g.

③ 他来得不早。　　④ 他生活得不太好。

（3）带状态补语的正反疑问句是并列状态补语的肯定形式和否定形式。例如：

An affirmative-negative question with a complement of state is realized by juxtaposing the affirmative and negative forms of the complement of state, e.g.

⑤ 你休息得好不好？　　⑥ 这个鱼做得好吃不好吃？

2. 状态补语与宾语　The complement of state and the object

动词后边如果带宾语，再有状态补语时，必须在宾语之后、"得"和状态补语之前重复动词。例如：

If a complement of state follows a verb-object construction, the same verb should be repeated after the object and followed by "得" and the complement of state, e.g.

① 他说汉语说得很好。　　② 她做饭做得很不错。

③ 我写汉字写得不太好。

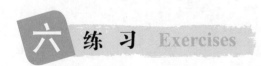
六　练习　Exercises

1. 熟读下列短语并选择五个造句　Read up on the following expressions and make sentences with five of them

起得很早	走得很快	玩儿得很高兴
生活得很愉快	穿得很多	演得好极了
休息得不太好	来得不晚	写得不太慢

2. 用状态补语完成句子 Complete the following sentences with the complement of state

（1）他洗衣服 _____。

（2）我姐姐做鱼 _____。

（3）小王开车 _____。

（4）他划船 _____。

3. 完成对话（注意用上带"得"的状态补语） Complete the following conversations (Be sure to use the complement of state with "得")

（1）A：你喜欢吃鱼吗？这鱼做 _____？

　　B：_____很好吃。

（2）A：今天的京剧演 _____？

　　B：_____很好。

（3）A：昨天晚上你几点睡的？

　　B：十二点。

　　A：_____。你早上起得也很晚吧？

　　B：不，_____。

4. 用"在""给""得""像……一样""跟……一起"填空 Fill in the blanks with "在""给""得""像……一样" or "跟……一起"

　　王兰、和子都 _____ 北京语言大学学习，她们是好朋友，_____ 姐姐和妹妹 _____。上星期我 _____ 她们 _____ 去北海公园玩儿。我 _____ 她们照相，照了很多，都照 _____ 很好。那天我们玩儿 _____ 很愉快。

5. 谈谈你的一天（用上带"得"的状态补语）　Talk about a day in your life (using the complement of state with "得")

提示：（1）你什么时候起床？什么时候去教室？什么时候睡觉？早还是晚？

（2）在这儿学汉语，你学得怎么样？生活得愉快不愉快？

Suggested points: (1) When do you get up? When do you go to the classroom?

When do you go to bed? Do you go to bed early or late?

(2) How are you getting on with your study of Chinese?

Do you enjoy your life here?

6. 听后复述　Listen and retell

昨天我和几个小朋友（xiǎopéngyou, little children）去划船了。孩子们（men, *used after a personal pronoun or a noun to form a plural*）很喜欢划船，他们划得很好。我坐在船上高兴极了，也像孩子一样玩儿。这一天过得真有意思！

7. 语音练习　Phonetic drills

（1）读下列词语：第四声＋第二声　Read the following words: 4th tone + 2nd tone

bù lái	（不来）	liànxí	（练习）
qùnián	（去年）	fùxí	（复习）
rìchéng	（日程）	wèntí	（问题）
xìngmíng	（姓名）	gào bié	（告别）
sòng xíng	（送行）	kètáng	（课堂）

（2）常用音节练习　Drills on the frequently used syllables

gong —— gōngrén （工人）
gǒnggù （巩固）
yígòng （一共）

jiu —— jiūjìng （究竟）
hǎojiǔ （好久）
chéngjiù （成就）

复习（四）

REVIEW (IV)

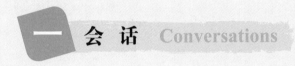

一 会 话 Conversations

1

〔约翰（Yuēhàn, John）的中国朋友今天从北京来，约翰到机场去接他〕

约翰：啊，小王，路上辛苦了！

　王：不辛苦。谢谢你来接我。

约翰：别客气。收到你的电子邮件，知道你要来旧金山（Jiùjīnshān, San Francisco），我高兴极了。

　王：我很高兴能见到（jiàndào, to see）老（lǎo, old）朋友。刘小华（Liú Xiǎohuá, *name of a person*）、珍妮（Zhēnnī, Jenny）他们都好吗？

约翰：都很好。他们很忙，今天没时间来接你。

　王：我们都是老朋友了，不用客气。

约翰：为了欢迎你来，星期六我们请你在中国饭店吃饭。

　王：谢谢！给你们添（tiān, to give）麻烦了。

2

〔在中国饭店〕

珍妮：小王怎么还没来？

刘：还没到时间。

珍妮：他第一次来旧金山，能找到这儿吗？

约翰：这个饭店很有名，能找到。

刘：啊，你们看，小王来了！

约翰：小王，快来！这儿坐。

珍妮：三年没见（jiàn, to meet），你跟以前一样。

王：是吗？

珍妮：这是菜单（càidān, menu）。小王，你想吃什么？

约翰：我知道，他喜欢吃糖醋鱼（tángcùyú, sweet and sour fish），还有……

王：你们太客气了，我真不好意思。

刘：我们先喝酒吧。

约翰：来，为我们的友谊干杯！

珍妮、刘、王：干杯！

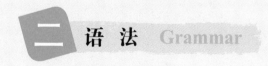

二　语 法　Grammar

（一）句子的四种类型　Four types of sentences

根据谓语主要成分的不同，可以把句子分为四种类型。

Sentences may be divided into four types according to the main elements of their predicates.

1. 名词谓语句　The sentence with a nominal predicate

由名词或名词结构、数量词等直接作谓语的句子叫名词谓语句。例如：

A sentence is called a sentence with a nominal predicate if a noun (noun phrase) or a quantifier serves as the predicate of the sentence, e.g.

> ① 今天星期六。　　　　② 他今年二十岁。
>
> ③ 现在两点钟。　　　　④ 这本书六十八块五。

2. 动词谓语句　The sentence with a verbal predicate

谓语的主要成分是动词的句子叫动词谓语句。例如：

A sentence is called a sentence with a verbal predicate if the verb is the main element of the predicate, e.g.

> ① 我写汉字。　　　　② 他想学习汉语。
>
> ③ 他来中国旅行。　　　④ 玛丽和大卫去看电影。

3. 形容词谓语句　The sentence with an adjectival predicate

形容词谓语句用来对人或事物的状态加以描写，有时也说明事物的变化。例如：

A sentence with an adjective predicate describes the state which a person or thing is in, and sometimes the change of a thing, e.g.

> ① 天气热了。　　　　② 张老师很忙。
>
> ③ 这本汉语书很便宜。

4. 主谓谓语句　The sentence with a subject-predicate construction as its predicate

主谓谓语句中的谓语本身也是一个主谓短语，主要用来说明或者描写主语。例如：

In a sentence of this type, the predicate itself is a subject-predicate phrase, mainly explaining or describing the subject, e.g.

> ① 我爸爸身体很好。　　② 他工作很忙。
>
> ③ 今天天气很不错。

（二）提问的六种方法　Six types of interrogative sentences

1. 用"吗"的疑问句　The question with "吗"

这是最常用的提问方法，对可能的回答不作预先估计。例如：

This is the most frequently used way of asking a question, to which the answer is rather unpredictable, e.g.

> ① 你是学生吗？　　　② 你喜欢看中国电影吗？
>
> ③ 你喝咖啡吗？

2. 正反疑问句　The affirmative-negative question

这种疑问句用并列肯定形式和否定形式提问。例如：

This is an interrogative sentence made by juxtaposing the affirmative and the negative forms of the main element of the predicate, e.g.

> ① 你认识不认识他？　　② 你们学校大不大？
>
> ③ 你有没有弟弟？　　　④ 明天你去不去长城？

3. 用疑问代词的疑问句　The question with an interrogative pronoun

用"谁""什么""哪""哪儿""怎么样""多少""几"等疑问代词提问。例如：

An interrogative pronoun such as "谁" "什么" "哪" "哪儿" "怎么样" "多少" or "几" is used to raise a question, e.g.

> ① 谁是你们的老师？　　② 哪本书是你的？
>
> ③ 他身体怎么样？　　　④ 今天星期几？

4. 用"还是"的选择疑问句　The alternative question with "还是"

当提问人估计到有两种答案的时候，就用"还是"构成选择疑问句来提问。例如：

When one predicts that there will be two possible answers to the question he is going to ask, he will use the alternative question with "还是", e.g.

> ① 你上午去还是下午去？　② 他是美国人还是法国人？
>
> ③ 你去看电影还是去看京剧？

5. 用"呢"的省略式疑问句　The elliptical question with "呢"

① 我很好，你呢？　　　② 大卫看电视，玛丽呢？

6. 用"……，好吗？"提问　The question with "……，好吗？"

这种句子常常用于提出建议，征求对方意见。例如：

A sentence of this type is usually used to put forward a suggestion or ask the opinion of the hearer, e.g.

我们明天去，好吗？

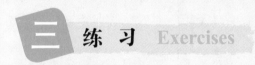

三　练 习　Exercises

1. 回答问题　Answer the following questions

（1）用带简单趋向补语的句子回答问题　Answer each of the following questions, using a sentence with a simple complement of direction

① 你带来词典了吗？

② 你妈妈寄来快递了吗？

③ 昨天下午你出去了吗？

④ 他买来橘子了吗？

（2）按照实际情况回答问题　Answer the following questions according to the actual situations

① 你是从哪儿来中国的？怎么来的？

② 你在哪儿上课？你骑自行车去上课吗？

③ 你常常看电影还是常常看电视？

④ 你们学校中国学生多还是外国留学生多？

⑤ 你去过长城吗？你玩儿得高兴不高兴？你照相了吗？照得怎么样？

2. 用下面的句子练习会话　Make conversations with the sentences given below

（1）感谢　Gratitude

> 谢谢!
>
> 感谢你……
>
> 麻烦你了!

（2）迎接　Welcome

> 欢迎您!
>
> 路上辛苦了。
>
> 路上顺利吗?
>
> 什么时候到的?

（3）招待　Reception

> 你喜欢什么酒?　　　　很好吃。
>
> 别客气，多吃点儿。　　不吃（喝）了。
>
> 为……干杯!　　　　　吃饱了。

3. 语音练习　Phonetic drills

（1）声调练习：第四声+第四声　Drills on tones: 4th tone + 4th tone

> shàng kè 　（上课）
>
> zài jiàoshì shàng kè 　（在教室上课）
>
> xiànzài zài jiàoshì shàng kè 　（现在在教室上课）
>
> bì yè 　（毕业）
>
> xià ge yuè bì yè 　（下个月毕业）
>
> dàgài xià ge yuè bì yè 　（大概下个月毕业）

（2）朗读会话　Read aloud the conversation

> A: Wǒ zuì xǐhuan dàxióngmāo.
>
> B: Wǒ yě xǐhuan dàxióngmāo.
>
> A: Wǒmen qù dòngwùyuán ba.
>
> B: Hǎojí le! Xiàwǔ jiù qù.

四 阅读短文 Reading Passage

阿里（Ālǐ, name of a person）：

你好！听说你要去北京语言大学学习了，我很高兴。我给你介绍一下儿那个学校。

语言大学不太大，有很多留学生，也有中国学生。留学生学习汉语，中国学生学习外语（wàiyǔ, foreign language）。

学校里有很多楼。你可以住在留学生宿舍。留学生食堂就在宿舍楼旁边。他们做的饭菜还不错。

学校里有个小银行，那儿可以换钱、存钱（cún qián, to deposit），很方便。

离学校不远有个商店，那儿东西很多，也很便宜。我在语言大学的时候，常去那儿买东西。

你知道吗？娜依（Nàyī, name of a person）就在北京大学学习。北大离语言大学很近。你有时间可以去那儿找她。

娜依的哥哥毕业了。他上个月从英国回来，现在还没找到工作呢。他问你好。

好，不多写了。等你回信。

祝（zhù, to wish）你愉快！

你的朋友莎菲（Shāfēi, Sophie）

2021 年 5 月 18 日

词汇表 VOCABULARY

A			
啊	a	助	17
哎呀	āiyā	叹	15
爱人	àiren	名	7

B			
八	bā	数	2
爸爸	bàba	名	1
吧	ba	助	8
百	bǎi	数	14
半	bàn	数	8
帮	bāng	动	15
饱	bǎo	形	20
北边	běibian	名	10
笔	bǐ	名	13
毕业	bì yè		18
别	bié	副	19
别的	bié de		11
不	bù	副	3
不错	búcuò	形	15
不好意思	bù hǎoyìsi		19
不用	búyòng	副	19

C			
菜	cài	名	16
操场	cāochǎng	名	10
层	céng	量	9
茶	chá	名	16
差	chà	动	8
长	cháng	形	12
尝	cháng	动	11
常（常）	cháng (cháng)	副	9
超市	chāoshì	名	5
车	chē	名	10
吃	chī	动	8
出去	chūqu		17
出租车	chūzūchē	名	18
穿	chuān	动	12
船	chuán	名	17
床	chuáng	名	8
词典	cídiǎn	名	16
次	cì	量	19
从	cóng	介	18

D

打	dǎ	动	8
打	dǎ	动	15
打车	dǎ chē		19
大	dà	形	12
大概	dàgài	副	18
大家	dàjiā	代	20
大熊猫	dàxióngmāo	名	17
大学	dàxué	名	5
大夫	dàifu	名	4
带	dài	动	13
当然	dāngrán	副	16
到	dào	动	13
到	dào	动	15
得	de	助	20
的	de	助	5
等	děng	动	14
地方	dìfang	名	10
地铁	dìtiě	名	13
弟弟	dìdi	名	3
第	dì		19
点	diǎn	量	8
电	diàn	名	15
电话	diànhuà	名	14

电脑	diànnǎo	名	7
电视	diànshì	名	6
电影	diànyǐng	名	6
电子邮件	diànzǐ yóujiàn		11
东边	dōngbian	名	10
东西	dōngxi	名	6
懂	dǒng	动	13
动物园	dòngwùyuán	名	17
都	dōu	副	1
短	duǎn	形	12
对	duì	形/介/动	9
多	duō	形	11
多少	duōshao	代	9

E

俄语	Éyǔ	名	13
二	èr	数	2

F

发	fā	动	11
法语	Fǎyǔ	名	13
翻译	fānyì	名/动	19
饭	fàn	名	8
饭店	fàndiàn	名	14
房间	fángjiān	名	9
飞机	fēijī	名	18

费	fèi	名/动	15
分	fēn	量	8
分钟	fēnzhōng	名	19
服务员	fúwùyuán	名	18
付	fù	动	11

G

干净	gānjìng	形	20
感谢	gǎnxiè	动	18
高兴	gāoxìng	形	4
告诉	gàosu	动	16
哥哥	gēge	名	3
个	gè	量	4
跟	gēn	介	17
工作	gōngzuò	动/名	3
公交车	gōngjiāochē	名	10
公司	gōngsī	名	7
公园	gōngyuán	名	9
关机	guān jī		15
贵	guì	形	11
贵姓	guìxìng	名	4
过	guò	动	20
过	guo	助	16

H

还	hái	副	11
还是	háishi	连	17
孩子	háizi	名	7
韩语	Hányǔ	名	7
汉语	Hànyǔ	名	7
好	hǎo	形	1
好吃	hǎochī	形	12
好看	hǎokàn	形	15
号	hào	量	9
号	hào	名	13
号（日）	hào (rì)	量	2
号码	hàomǎ	名	14
喝	hē	动	11
和	hé	连	7
很	hěn	副	1
护士	hùshi	名	7
花	huā	动	14
花（儿）	huā (r)	名	8
划	huá	动	17
欢迎	huānyíng	动	9
换	huàn	动	13
回	huí	动	5
会	huì	能愿/动	13
火车	huǒchē	名	18

J

机场	jīchǎng	名	17
……极了	……jí le		12
几	jǐ	代	6
寄	jì	动	19
家	jiā	名	5
价钱	jiàqian	名	16
件	jiàn	量	12
健康	jiànkāng	形	20
交	jiāo	动	15
饺子	jiǎozi	名	20
叫	jiào	动	4
教室	jiàoshì	名	5
接	jiē	动	17
结婚	jié hūn		7
姐姐	jiějie	名	3
介绍	jièshào	动	5
斤	jīn	量	11
今年	jīnnián	名	3
今天	jīntiān	名	2
进	jìn	动	5
近	jìn	形	10
京剧	jīngjù	名	16
经理	jīnglǐ	名	19

九	jiǔ	数	2
酒	jiǔ	名	16
酒吧	jiǔbā	名	5
就	jiù	副	10
橘子	júzi	名	11
句	jù	量	19

K

咖啡	kāfēi	名	18
卡	kǎ	名	13
开	kāi	动	18
看	kàn	动	5
考试	kǎo shì		17
烤鸭	kǎoyā	名	16
可以	kěyǐ	能愿	12
刻	kè	量	8
客气	kèqi	形	19
口	kǒu	量	7
块（元）	kuài (yuán)	量	11
快	kuài	形	14
快递	kuàidì	名	16

L

来	lái	动	1
老师	lǎoshī	名	2
了	le	助	7

累	lèi	形	3
冷	lěng	形	12
离	lí	动	10
礼物	lǐwù	名	19
里	li	名	14
练习	liànxí	名/动	16
两	liǎng	数	7
辆	liàng	量	20
〇（零）	líng	数	3
留学生	liúxuéshēng	名	4
六	liù	数	2
楼	lóu	名	9
录音	lùyīn	名	11
路	lù	名	13
路	lù	名	9

	M		
妈妈	māma	名	1
麻烦	máfan	动/形/名	19
吗	ma	助	1
买	mǎi	动	6
慢	màn	形	19
忙	máng	形	3
毛（角）	máo (jiǎo)	量	11
毛衣	máoyī	名	12

贸易	màoyì	名	18
没有	méiyǒu	动	7
美元	měiyuán	名	14
妹妹	mèimei	名	3
名菜	míng cài		16
名字	míngzi	名	4
明年	míngnián	名	3
明天	míngtiān	名	3

	N		
拿	ná	动	15
哪儿	nǎr	代	5
那	nà	代	4
那儿	nàr	代	10
南边	nánbian	名	10
呢	ne	助	3
能	néng	能愿	14
你	nǐ	代	1
你好	nǐ hǎo		1
你们	nǐmen	代	1
年	nián	名	3
念	niàn	动	14
您	nín	代	2

	P		
旁边	pángbiān	名	9

朋友	péngyou	名	4		日语	Rìyǔ	名	7
啤酒	píjiǔ	名	18		**S**			
便宜	piányi	形	11		三	sān	数	2
苹果	píngguǒ	名	11		商店	shāngdiàn	名	5
瓶	píng	名	11		上	shàng	名	17
Q					上课	shàng kè		7
七	qī	数	2		上网	shàng wǎng		7
骑	qí	动	17		上午	shàngwǔ	名	6
起	qǐ	动	8		少	shǎo	形	12
起飞	qǐfēi	动	18		谁	shéi / shuí	代	5
签	qiān	动	14		身体	shēntǐ	名	2
前	qián	名	10		什么	shénme	代	4
前边	qiánbian	名	10		生词	shēngcí	名	12
钱	qián	名	11		生活	shēnghuó	动/名	20
钱包	qiánbāo	名	13		生日	shēngrì	名	6
请	qǐng	动	5		十	shí	数	2
请问	qǐngwèn	动	10		时候	shíhou	名	8
去	qù	动	5		时间	shíjiān	名	14
去年	qùnián	名	17		食堂	shítáng	名	8
R					事	shì	名	16
热	rè	形	19		试	shì	动	12
人	rén	名	4		是	shì	动	4
人民币	rénmínbì	名	14		收	shōu	动	16
认识	rènshi	动	4		手机	shǒujī	名	7

售货员	shòuhuòyuán	名	11
书	shū	名	6
书店	shūdiàn	名	6
数	shǔ	动	14
数	shù	名	14
刷	shuā	动	13
水	shuǐ	名	8
睡	shuì	动	20
睡觉	shuì jiào		8
顺利	shùnlì	形	19
说	shuō	动	13
四	sì	数	2
送	sòng	动	19
宿舍	sùshè	名	5
岁	suì	量	6

T

他	tā	代	1
他们	tāmen	代	1
她	tā	代	1
太	tài	副	3
天	tiān	名	12
天气	tiānqì	名	17
挑	tiāo	动	15
条	tiáo	量	17

听	tīng	动	5
听说	tīngshuō	动	14
通	tōng	动	15
投币	tóu bì		13

W

外边	wàibian	名	19
外卖	wàimài	名	12
完	wán	动	15
玩儿	wánr	动	9
晚	wǎn	形	20
晚点	wǎn diǎn		18
晚饭	wǎnfàn	名	8
晚上	wǎnshang	名	6
网	wǎng	名	7
网球	wǎngqiú	名	8
往	wǎng	介/动	10
微信	wēixìn	名	6
为……	wèi……		20
干杯	gān bēi		
为什么	wèi shénme		18
问	wèn	动	9
我	wǒ	代	1
我们	wǒmen	代	1
五	wǔ	数	2

午饭	wǔfàn	名	8

X

西边	xībian	名	10
洗	xǐ	动	20
喜欢	xǐhuan	动	20
下	xià	名	17
下课	xià kè		7
下午	xiàwǔ	名	6
先	xiān	副	18
先生	xiānsheng	名	19
鲜花儿	xiānhuār	名	15
现在	xiànzài	名	8
线	xiàn	名	13
想	xiǎng	能愿/动	12
像	xiàng	动	20
小	xiǎo	形	12
谢谢	xièxie	动	2
辛苦	xīnkǔ	形	18
新	xīn	形	15
星期	xīngqī	名	6
星期天	xīngqītiān	名	6
（星期日）	(xīngqīrì)		
行	xíng	动/形	16
姓	xìng	动/名	4

休息	xiūxi	动	5
学	xué	动	17
学生	xuésheng	名	4
学习	xuéxí	动	7
学校	xuéxiào	名	9

Y

演	yǎn	动	16
要……了	yào……le		18
也	yě	副	1
一	yī	数	2
一点儿	yìdiǎnr	数量	13
一会儿	yíhuìr	数量	18
一起	yìqǐ	副	9
一下儿	yíxiàr	数量	5
一样	yíyàng	形	20
衣服	yīfu	名	12
以后	yǐhòu	名	16
以前	yǐqián	名	19
音乐	yīnyuè	名	6
银行	yínháng	名	7
饮料	yǐnliào	名	18
英语	Yīngyǔ	名	7
应该	yīnggāi	能愿	16
营业员	yíngyèyuán	名	14

邮局	yóujú		名	9	这	zhè	代	4
友谊	yǒuyì		名	20	这儿	zhèr	代	10
有	yǒu		动	7	这样	zhèyàng	代	14
有意思	yǒu yìsi			16	真	zhēn	形/副	15
鱼	yú		名	20	知道	zhīdao	动	9
愉快	yúkuài		形	20	职员	zhíyuán	名	7
远	yuǎn		形	10	种	zhǒng	量	11
月	yuè		名	3	住	zhù	动	9
					自行车	zìxíngchē	名	17

Z

杂技	zájì	名	16	走	zǒu	动	10
再	zài	副	12	最	zuì	副	17
再见	zàijiàn	动	2	昨天	zuótiān	名	6
在	zài	动/介	5	坐	zuò	动	10
早	zǎo	形	2	做	zuò	动	6
早饭	zǎofàn	名	8				
早上	zǎoshang	名	8				
怎么	zěnme	代	10				
怎么样	zěnmeyàng	代	12				
站	zhàn	名	13				
找	zhǎo	动	9				
照	zhào	动	15				
照片	zhàopiàn	名	20				
照相	zhào xiàng		15				
照相机	zhàoxiàngjī	名	15				

专名 PROPER NOUNS

百货大楼	Bǎihuò Dàlóu	10
北京	Běijīng	9
北京大学	Běijīng Dàxué	5
北京饭店	Běijīng Fàndiàn	9
北京语言大学	Běijīng Yǔyán Dàxué	7
长城	Chángchéng	8
大卫	Dàwèi	1
东京	Dōngjīng	15
法国	Fǎguó	13
韩国	Hánguó	13
（可口）可乐	(Kěkǒu-) kělè	11
李	Lǐ	2
刘京	Liú Jīng	1
玛丽	Mǎlì	1
美国	Měiguó	4
清华大学	Qīnghuá Dàxué	9
人民剧场	Rénmín Jùchǎng	16
日本	Rìběn	13
山下和子	Shānxià Hézǐ	5
上海	Shànghǎi	9
天安门	Tiān'ānmén	10
王	Wáng	2
王府井	Wángfǔjǐng	10
王兰	Wáng Lán	1
王林	Wáng Lín	5
西单	Xīdān	13
小英	Xiǎoyīng	5
学院路	Xuéyuàn Lù	9
英国	Yīngguó	13
张	Zhāng	2
张丽英	Zhāng Lìyīng	6